Abrir el corazón
en lugar de
romperse la cabeza

SAFI NIDIAYE

Abrir el corazón en lugar de romperse la cabeza

*El camino hacia la libertad,
la felicidad y la paz*

EDICIONES OBELISCO

Si este libro le ha interesado y desea que le mantengamos informado
de nuestras publicaciones, escríbanos indicándonos qué temas son de su interés
(Astrología, Autoayuda, Ciencias Ocultas, Artes Marciales, Naturismo, Espiritualidad,
Tradición...) y gustosamente le complaceremos.

Puede consultar nuestro catálogo en www.edicionesobelisco.com.

Colección Espiritualidad, Mefafísica y Vida interior
ABRIR EL CORAZÓN EN LUGAR DE ROMPERSE LA CABEZA
Safi Nidiaye

1.ª edición: febrero de 2013

Título original: *Herz öffnen statt Kopf zerbrechen*
Traducción: *Margarita Gutiérrez*
Maquetación: *Marga Benavides*
Corrección: *M.ª Jesús Rodríguez*
Diseño de cubierta: *Enrique Iborra*

© 2002, Ullstein Heyne List GmbH & Co. KG, München
(Reservados todos los derechos)
© 2013, Ediciones Obelisco, S. L.
(Reservados los derechos para la presente edición)

Edita: Ediciones Obelisco, S. L.
Pere IV, 78 (Edif. Pedro IV) 3.ª planta, 5.ª puerta
08005 Barcelona - España
Tel. 93 309 85 25 - Fax 93 309 85 23
E-mail: info@edicionesobelisco.com

Paracas, 59 - Buenos Aires
C1275AFA República Argentina
Tel. (541 - 14) 305 06 33
Fax: (541 - 14) 304 78 20

ISBN: 978-84-9777-923-4
Depósito Legal: B-1.686-2013

Printed in Spain

Impreso en España en los talleres gráficos de Romanyà/Valls S. A.
Verdaguer, 1 - 08786 Capellades (Barcelona)

Introducción

Cuando alguien abre su corazón… todo se hace más sencillo y claro. Un problema que parecía sin solución, simplemente deja de ser un problema. Se trate tanto de cuestiones de relaciones como de dificultad para tomar decisiones, cuestiones existenciales crónicas o problemas físicos importantes, depresiones o crisis vitales: la cable a todos los problemas personales e interpersonales está en el corazón. Aquel que quiere encontrarla debe dejar de romperse la cabeza y empezar a abrir su corazón. En ocasiones esto ocurre de manera espontánea. Un encuentro inspirador, un suceso conmovedor, una mirada penetrante nos traslada a un estado lleno de amor, belleza y comprensión por un instante o hasta que volvemos a la conciencia cotidiana vacía de brillo y felicidad que la mayoría de nosotros hemos aceptado como normal, desde que de pequeños aprendimos a cerrar nuestro corazón.

¿Pero es necesario esperar a que nos ocurra un suceso de este tipo? Existe una llave que abre la puerta del corazón de una manera tan segura y fácil como el «ábrete sésamo» daba acceso al tesoro en el cuento. Si te interesa encontrar una solución a tus problemas, si quieres curar tus heridas emocionales y mejorar tus relaciones, si no quieres seguir moviéndote en círculos o que tus pensamientos te vuelvan loco, si no quieres dejarte dominar por tus miedos, halla aquí un camino hacia la liberación, el esclarecimiento y la curación.

Esto no significa que nunca más vuelvas a tener problemas, pero tus problemas no volverán a ser nunca más un obstáculo insuperable. Por el contrario, descubrirás que éstos son en realidad valiosas oportunidades para curar las heridas emocionales y encontrar esclarecimiento y amor. El hecho de que, además, los problemas se solucionan es tan sólo un agradable efecto secundario de este proceso, por así decirlo, un producto residual.

En lugar de dar vueltas a tus problemas o querer reprimirlos con tu conciencia, en lugar de dar vueltas y vueltas a una ofensa sufrida o a una decepción, en lugar de resignarse o amargarse, en lugar de luchar contra uno mismo o los demás, contra tu destino o tus molestias físicas, te invito sencillamente a sentir conscientemente aquello que te preocupa, te agobia o te enfurece.

«De hecho, eso es lo que hago todo el tiempo», es posible que digas. Sin embargo, existe una diferencia abismal entre ser dominado por un sentimiento y percibirlo de manera consciente y atenta. Si sigues los pasos que describo en este libro, comprobarás sorprendido, de la misma manera que yo y todas aquellas personas con las que he trabajado —que son muchas—, que antes no tenías ni idea de lo que significa sentir. Y, sobre todo, experimentarás que el simple acto de sentir puede cambiar completamente una situación. Los dos casos que expongo a continuación ilustrarán lo que digo.

Julia y su antigua frustración

Hacía semanas que Julia se rompía la cabeza pensando cómo seguir su relación. Quería a su Jean y él la quería a ella, sin

lugar a dudas, pero se sentía continuamente frustrada y descontenta porque él no se ocupaba suficientemente de ella. Ni la abrazaba cuando ella lo necesitaba, ni como amante se preocupaba especialmente por ella… Sin embargo, ella lo colmaba de atenciones.

La cabeza de Julia daba vueltas una y otra vez a este problema. «Esto no puede seguir así siempre», pensaba. «Tengo que hablar con él. Pero no conseguiré nada. Es tan irritable y tozudo… Quizás deba darle pistas más claras de lo que deseo… Pero ya lo he intentado millones de veces… De todas maneras no tiene sentido». En este punto finalizaba su letanía de pensamientos negativos y con regularidad empezaba aquí el intento de sacar algo positivo de todo ello. «Pero, a pesar de todo estoy bien con él… Si tengo suficiente paciencia, todo cambiará». Y después, volvía a empezar de nuevo la letanía: «Así no podemos seguir… Tengo que hablar con él… Pero no puedo… Sólo haría que empeorar las cosas…».

Julia no tenía el valor de hablar abiertamente con Jean de su problema. Una vez que lo intentó, él reaccionó con tanta irritación y una actitud tan cerrada que ella, herida, volvió a encerrarse en su concha y decidió no volver a sacar el tema. Pero si la cosa seguía como hasta entonces, algún día saltaría por cualquier tontería y se enfadaría tanto que le echaría en cara de una sola vez todos los reproches que había acumulado en su interior. Y entonces, Jean se quedaría de piedra, porque no tenía ni la más mínima idea de lo infeliz que se había sentido todo ese tiempo. O le dejaría porque se enamoraría de otro que entendiera mejor sus veladas insinuaciones y le brindara la atención que ansiaba.

Los pensamientos de Julia daban vueltas una y otra vez a lo mismo porque se hallaba atrapada en un dilema. Por una parte, era consciente de que debía hablar o actuar si quería que las cosas cambiaran. Por otro lado, no lo hacía porque tenía miedo de las consecuencias. Daba vueltas continuamente a su infelicidad, pero para no verse obligada a hacer algo intentaba no prestar atención a los pensamientos de infelicidad y acallarlos con pensamientos de felicidad y satisfacción («a pesar de todo es un hombre maravilloso y le quiero»).

Imaginemos por un momento que finalmente Julia, en lugar de intentar encontrar una solución a base de romperse la cabeza (un empeño infructuoso) y exigirse más valor (un empeño asimismo infructuoso), simplemente centrara su atención en sus sentimientos. Veremos cómo, de esta manera, daría un gran paso hacia la solución de su problema.

En primer lugar debería concentra en prestar atención a sus pensamientos, en lugar de simplemente pensar. De esta manera comprobaría que estos pensamientos expresan en realidad sentimientos: decepción, rabia, desesperación, resignación y un poco de amargura. Darse cuenta de esto ya es mucho mejor que simplemente darle vueltas en la cabeza, pero no cambia la situación. Muchas personas son conscientes de sus sentimientos pero, a pesar de todo, se esconden tras sus problemas. Julia debería también sentir estos sentimientos. Así pues, no solamente debería ser consciente de ellos, sino que también tendría que experimentarlos muy concretamente en el plano físico. Debería sentir la ira en la tensión de sus músculos mandibulares, la decepción como un nudo en la garganta y la debilidad amarga y victimista de la resignación en sus hombros caídos y el rictus de su boca. Pero lo más importante sería que descubriera el dolor como reacción de todos estos sentimientos —aquello que le provoca tanta rabia y decepción— y que éste la liberase de la necesidad de reprimirlos. Para llegar a este dolor, sólo debe pensar en el momento en que se inició el flujo más violento de estos sentimientos dolorosos, en aquel momento en que intentó abrir su corazón a Jean y éste reaccionó de una manera tan cerrada.

En el momento en que Julia dejó de lado todas las reacciones emocionales –la rabia, la decepción, la resignación– y permitió que este escenario ejerciera su acción directamente sobre ella, ser capaz de reconocer el dolor que en aquel momento no fue capaz de percibir: recuperar el sentimiento y rechazarlo. Ese sentimiento le era tan familiar y natural que servía de base para cada uno de sus pensamientos y, a pesar de todo, o precisamente por eso, nunca lo había percibido. Cuando Jean estaba de mal humor, cuando callaba, cuando volvía tarde a casa y todas las posibles situaciones, asumió automáticamente que la estaba rechazando. Pero nunca admitió el dolor que estos pensamientos le producían, nunca lo sintió realmente. Prefería caer en la rabia y la decepción, prefería pensar en dejar a Jean que sentir su dolor. Inconscientemente estaba, de hecho, convencida de que ese dolor era insoportable y que era imposible sentirlo y seguir viviendo. Durante toda su vida, Julia había luchado por ser aceptada, ya que siempre había asumido de entrada que sería rechazada. Así pues, siempre había hecho todo lo posible para no tener que sentir el dolor del rechazo. De esta manera, éste se había convertido en un factor determinante en su vida.

El hecho de descubrir ese dolor sería la oportunidad de Julia para liberarse de su problema. Sólo al ponderar la posibilidad de sentirlo alguna vez podría descubrir que ni la matará ni la lastimará. Por el contrario, el hecho de asumir finalmente ese dolor que siempre estuvo ahí le producirá alivio. Es un reencuentro con una parte de su propio yo, esa parte infantil que se sintió doblemente rechazada, primero por los padres y después por ella misma, y que siempre sufrió por ello y nunca fue percibido.

Entonces Julia ya no tuvo miedo del dolor, el cual la podría preparar para la posibilidad de ser rechaza. Se sintió conmovida por el dolor y lo sintió. Y no sólo lo soportó, sino que incluso le resultó un sentimiento bello. Ahora ya no tiene que luchar por ser aceptada y para los demás es más fácil aceptarla. (Por regla general, los otros nos tratan de la misma manera que nosotros nos tratamos inconscientemente). No obstante, lo mejor de todo es que su corazón también se ha abierto para Jean. De pronto es capaz de sentir lo que es prioritario para él y descubre que, en los momentos en los que se cierra, de ninguna manera la está rechazando, sino que lucha con un sentimiento propio, de hecho, con su propio miedo de no estar a la altura. Y ese miedo es desencadenado por sus reproches. Una vez entendido esto Julia es capaz de comprenderle y simpatizar con él.

¿Y Jean? Justo esa noche, Jean llegó a casa más pronto que habitualmente y abrazó a Julia porque si. Ella no le había explicado nada. No hay nada más contagioso que un corazón abierto.

Patrick no puede dejar de trabajar

Patrick es un hombre de negocios de éxito. Toda su vida se ha levantado a las seis de la mañana, ha trabajado duro y en todos los ámbitos ha sido más que correcto. Ha construido una bonita casa para su familia y se ha propuesto que cuando cumpla los cuarenta y cinco dejará de trabajar tanto y a partir de entonces disfrutará de la vida en esa bonita casa: dormir más, trabajar menos, hacer cosas divertidas... Pero pronto cumplirá los cuarenta y seis y sigue levantándose a las seis y llega a casa tarde después de trabajar todo el día.

Su mujer ha expuesto el tema varias veces, pero él siempre lo ataja enfadado. Sin embargo, en ocasiones se pregunta por qué no consigue dar el salto. ¿Costumbre? Quizás. Pero incluso su fobia a levantarse cuando todavía es oscuro y trabajar hasta que se hace de noche, y sus ansias de una vida más libre deberían ser mucho más fuertes que una estúpida costumbre. Y sin embargo, Patrick siempre encuentra alguna razón para estar de nuevo a la mañana siguiente a las siete en la oficina y seguir todavía allí a las nueve de la noche.

En realidad, Patrick siempre había estado contento con su vida, pero el hecho de haber decidido cambiar y no conseguirlo hace crecer en su interior una insatisfacción que aumenta día a día. Patrick no encuentra ninguna salida a su dilema.

La verdad es que sería muy fácil. Patrick no debe intentar cambiarse a sí mismo o su vida de manera violenta. Simplemente, debe tomar conciencia de los sentimientos que le dominan y sentirlos realmente. En lugar de estar insatisfecho, debe sentir conscientemente esa insatisfacción, de la misma manera que el resto de los sentimientos que entran en juego en este caso. De esta manera, rápidamente descubrirá lo que se esconde detrás de su dilema: la relación con su padre. Patrick no puede dejar de trabajar como un poseso, porque a sus cuarenta y seis años todavía intenta desesperadamente demostrar a su padre que es formal y capaz de trabajar. Esto es importante para él porque existe algo que Patrick teme más que al propio infierno: el menosprecio de su padre. El dolor asociado a ese menosprecio siempre había estado ahí, pero Patrick se negó a reconocerlo y ha hecho todo lo posible para no tener que sentirlo. Durante toda su vida a luchado y trabajado para que su padre le respetara.

Cuando Patrick deja de luchar contra este temido dolor y finalmente lo acepta, todos los fantasmas desaparecen. Experimenta un momento de dolor y eso es todo. Al igual que en el caso de Julia, ese momento doloroso también puede ser para Patrick la puerta hacia un sentimiento muy bello, el sentimiento de comprensión y amor hacia sí mismo.

Después, Patrick puede dejar el problema en el lugar al que pertenece, el pasado, y puede hacer aquello que siempre quiso hacer –dormir, viajar, trabajar menos–. Incluso si le apetece puede holgazanear todo el día y no hacer nada productivo, aunque su padre le despreciara por ello. Pero, no es el caso. El padre de Patrick tiene sus propios problemas personales, los cuales le han llevado a mantener una postura tan estricta con su retoño. En el momento en que Patrick abre su corazón para sus propios sentimientos, tiene una noción de lo que le ocurre a su padre y desarrolla algo parecido al entendimiento y la compasión por su progenitor. Su problema está solucionado. Está liberado de la necesidad de trabajar.

La primera que se alegra por ello es su mujer. Ella se había sentido constantemente abandonada y siempre había querido que pasara más tiempo con ella. Posiblemente, pronto se dará cuenta de que la solución del problema de Patrick no necesariamente implica la solución de su propio problema. Indudablemente, tendrá suficientes ocasiones de sentirse abandonada, ya que detrás de este problema también se esconde una antigua herida emocional.

Así podría seguir toda la eternidad, ya que todos nosotros estamos entretejidos por sentimientos relacionados con situaciones antiguas y no con el presente.

Aunque parezca lo contrario, tus problemas no están causados por algo externo a tu propio yo. Ni la relación con otras personas ni las situaciones o circunstancias constituyen un problema en sí mismos. Se convierten en un problema debido a los sentimientos que provocan en ti. De hecho, estos sentimientos tampoco serían un problema si sólo los sintieras. Pero, por regla general, es algo que no queremos hacer. *Es decir, lo que hace que una cosa se convierta en un problema para ti es el sentimiento que despierta en ti y que tú no quieres sentir.*

En cuanto dejas de oponerte a este sentimiento (que de todas maneras está ahí, tanto si quieres como si no) y empiezas a sentirlo, el asunto deja de ser un problema. Y el sentimiento del que tanto has huido, que ha destrozado relaciones, ha hecho que dejaras escapar oportunidades laborales, que renunciaras al amor, o te haya hecho hacer lo que sea para no tener que sufrirlo, ese sentimiento deja de asustarte. Lo experimentas una vez conscientemente y sin identificarte con él y descubres que sólo es un sentimiento, por un momento te compadeces y te comprendes y de esta manera todo está bien. En adelante, ya no estarás dominado por el miedo hacia ese sentimiento. Eres libre.

No obstante, algunos dirán: «No puede ser todo tan sencillo. Son necesarios muchos años de psicoterapia para llegar a un solo sentimiento reprimido y muchos, aun así, no lo consiguen…».

Lo sé, lo sé. Pero he descubierto un método que es así de sencillo. Quizás se debe a que se aplica a nivel físico. Quizás se debe también a que en su descubrimiento, la intuición desempeñó un papel muy importante. Además, con toda seguridad es importante el hecho de que no tengo ningún conocimiento sobre psicología o psicoterapia, por lo que no estoy influenciada por ninguna doctrina. El libro que estudié para descubrir este camino es –confiando en el lema espiritual «conócete a ti mismo»– es mi propia naturaleza (la cual, tal como he podido constatar muchas veces como directora de seminarios, se diferencia muy poco de la naturaleza del resto de personas).

Sentarse, respirar, observar. Esto se llama meditación. Con ella y con la ayuda de la inspiración descubrí que se puede aprender a abrir el corazón. Existe un camino por el que volvemos a encontrar las parcelas de nuestro Yo que en algún momento enviamos a hacer gárgaras. Y no tan sólo es bonito traerlas de nuevo a casa, sino que es curativo y soluciona problemas.

Para mí es importante el hecho de que este maravilloso descubrimiento no está abierto únicamente a aquellas personas habituadas a la meditación, sino a todas las que buscan un camino para salir de la jungla de los problemas. Así pues, este libro es una guía sobre todo para aquellos que no tienen ninguna experiencia en meditación o que no están habituados a meditar. Lo conseguirán con un mínimo de «sentarse, respirar, observar» (ese mínimo no puedo evitárselo) y podrán aplicar todo lo demás en el día a día para enfrentarse mejor a los problemas y las dificultades. Para todos aquellos que deseen profundizar más en el tema, he escrito *El Tao del corazón (Das Tao des Herzens)*. En él se expone con todo lujo de detalles la técnica.

Todo gira alrededor
de los sentimientos

Si observamos con atención, en nuestra vida prácticamente todo gira alrededor de los sentimientos. Éstos se esconden tras los deseos y los problemas, tras las preferencias y las aversiones, tras los conflictos, las luchas por el poder y las guerras. Cuando deseamos algo, lo deseamos por los sentimientos que nos despertará. Soñamos con una relación con una persona determinada, con una casa en concreto o con un determinado tipo de vida, porque con ello conseguiremos una forma de sentimiento de felicidad. Ansiamos tener dinero porque creemos que así nos sentiremos felices, libres, ricos, independientes, seguros, poderosos o importantes. Nos enfadamos por un incidente porque nos ha provocado un sentimiento doloroso que no queremos sufrir. No queremos perder a una persona a ningún precio porque tememos que con ella desaparecerá también el sentimiento que ésta despierta en nosotros. Defendemos nuestro bienestar, nuestro estatus, nuestro modo de vida, porque tenemos miedo de la sensación que tendríamos si tuviéramos que prescindir de algo de esto. Luchamos por el éxito porque anhelamos sentirnos reconocidos o admirados. Naturalmente, también existen motivos desinteresados: por ejemplo cuando queremos una cosa por nuestras

17

ansias de éxito o poder. Incluso el deseo más noble está unido siempre con el deseo personal de una determinada forma de vivir, un determinado sentimiento. Sin embargo, por lo general, ignoramos ese deseo en nuestro intento de ser una persona altruista. Pero muchos de nosotros también tenemos miedo del éxito, porque tememos que de alguna manera nos hará sentir mal, por ejemplo culpables, odiados, envidiados, o entregados. Por regla general, intentamos dirigir nuestra vida y nuestro mundo de tal manera que nos aseguremos lo sentimientos agradables y que los desagradables sean contenidos en nuestro cuerpo. Y de esta forma nos sometemos a la tiranía de nuestros sentimientos: actuamos de esta o de aquella manera porque deseamos ciertos sentimientos y queremos evitar otros. Este hecho es independiente de qué valor demos a los sentimientos o de si nos consideramos seres emocionales o no. Una persona que reprime sus sentimientos e intenta ser fría estará dominada en la misma medida por los sentimientos, que otra persona que tiende a tener crisis emocionales. Aquél que reprime sus sentimientos estará dominado por el miedo a determinados sentimientos, como por ejemplo el de sentirse ridículo, ser puesto en evidencia o ser rechazado. Una persona que se deja llevar por los arrebatos emocionales se verá dominada por sus sentimientos en la medida en que se deje abrumar por éstos.

De hecho, podemos intentar actuar sobre nuestros sentimientos para que sean de otra manera. Pero, en primer lugar, esto no cambia nada de los sentimientos en sí mismos, excepto que a los presentes se les añaden todos los provocados por esa lucha interna y, en segundo lugar, nos dominarán precisamente los sentimientos que reprimimos o ignoramos y, por ese motivo, porque los reprimimos o los ignoramos.

También nos dominan los sentimientos que, aunque conscientes, intentamos abordar con buenos argumentos, ya que se trasladan a lo más profundo y, desde allí, pueden volverse activos inadvertidamente. Dado que dejamos de percibirlos, determinan nuestra razón y nuestras acciones sin que nos demos cuenta. Por otra parte, también nos dominan los sentimientos de los que somos conscientes mientras sólo sepamos de su existencia pero no los sintamos. Más adelante hablaremos más extensamente sobre esta diferencia.

En lugar de querer cambiar nuestros sentimientos, también podemos intentar cambiar las circunstancias de nuestra vida, para que nos regale sentimientos más agradables. Pero tampoco esto cambia nada de nuestros sentimientos, ya que los que son desagradables de los cuales intentamos huir están presentes en nosotros. Éste es también el motivo por el que tenemos ese miedo. Visto así, podemos agradecer a las circunstancias de la vida que nos hacen ser conscientes de estos sentimientos. La manera en la que sentimos y pensamos influye sobre nuestras circunstancias vitales y, así, no es fácil cambiarlas sin, como mínimo, ser consciente de los propios sentimientos y pensamientos.

Así pues, los sentimientos son nuestra realidad interna, es decir, la forma en que vivimos un determinado momento. Podemos o no aceptar esa forma de vivir, percibirla o no, conformarnos o no –tiene lugar de esta o de aquella manera–. Cuando nuestro corazón está abierto, esta vivencia interna es como una corriente continua de matices siempre cambiantes, a los cuales hemos puesto nombre. Alegría, fascinación, amor, rabia, ira, celos, odio, recelo, preocupación, miedo, pánico, inquietud, impaciencia, buen humor, paz, ternura, frialdad, desesperación, angustia: formas siempre distintas de enfrentarse a la vida. Así pues, un sentimiento no es «algo», sino un matiz de la corriente de la vida interior.

Cuando nuestro corazón está abierto y esa corriente puede fluir sin obstáculos, no existe ningún problema. Sin embargo, desgraciadamente hemos borrado de nuestra conciencia determinadas partes de esta corriente. Lo hemos hecho siempre que algo nos ha provocado un *shock*, cuando no fuimos capaces de comprender una situación, cuando algo de nuestro encorsetado ser emergió en nuestra existencia y no había nadie presente que compartiera y entendiera nuestro sentimiento y que señalara: «Es correcto sentir esto, no pasará nada, se puede sobrevivir». Por el contrario, cuando éramos pequeños (y ésa es la época de la que procede la mayoría de los *shocks* no resueltos), en estos casos los adultos nos decían con su comportamiento: «Éste es un sentimiento malo del que debes deshacerte tan pronto como sea posible». Nos apartaron o intentaron eliminar el sentimiento negativo con el consuelo. Por regla general, se nos prohibieron algunos sentimientos. A partir de este comportamiento, llegamos a la conclusión de que ese determinado sentimiento era tan malo que bajo ningún concepto deberíamos aceptarlo. Incluso sospechamos que podía acabar con nosotros. Sin embargo, el sentimiento estaba ahí y la única posibilidad de deshacerse de él consistía en actuar como si no estuviese ahí. Lo desterramos de nuestra conciencia. Al igual que en un «apagón», un desmayo o una anestesia, no estuvimos donde estuvo el sentimiento. Es decir, el sentimiento existió, pero no lo percibimos. De manera que ha esperado hasta ahora para que recuperemos lo perdido y ha creado con ahínco situaciones para ello.

Como no percibimos el sentimiento de aquel momento, lo que podría haber sido un estado pasajero de la corrientes de la vida interior se convirtió en un estado permanente. En lugar de seguir fluyendo, la energía de este sentimiento, por así decirlo, se congeló y quedó en nuestro cuerpo inalterada, en forma de energía «cristalizada». La podemos liberar de este estado de congelación si nos permitimos sentirlo. Esto se llama compasión. En lugar de dejar esa parte de nosotros «en el frío», dirigimos a ella nuestra atención y la ponemos al calor de nuestro corazón para que se descongele.

Mientras no salga de su estado de congelación, un sentimiento reprimido es una «parte» de nosotros, una especie de personalidad extra que lleva una vida propia y que nos domina de manera incontrolada. (Para controlarla debemos advertirla y reconocer su existencia). Cuando nuestro corazón está abierto y nuestra conciencia conectada y, cuando la corriente de nuestra vida interior puede fluir sin obstáculos, no estaremos dominados por cualquiera de estas «partes» reprimidas de nuestra personalidad, sino que actuaremos desde nuestro centro, a partir de nuestra verdad, de nuestro corazón. Entonces, desde un punto de vista estricto, tampoco se producirá una acumulación de «sentimientos» aislados en nuestro interior, sino sólo un sentir, el cual varía su cualidad a cada momento y cada momento tiene un gran número de matices. Cuando estamos llenos de felicidad, probablemente están presentes un poco de dolor y un poco de ternura o cuando estamos enfadados hay un poco de amor y un poco de tristeza.

Desgraciadamente, la mayor parte del tiempo nuestro corazón no está abierto, sino cerrado. Y nuestro pobre sentimiento se queda fuera y se congela. Le privamos del foco de luz de nuestra atención y lo separamos del calor de nuestro corazón. Ahora sólo queda un lugar en donde podamos percibirlo: nuestro cuerpo. Sentir es una experiencia emocional y física, en la que no pueden separarse estos dos aspectos de la vivencia, como si se tratara de las distintas capas de una tarta. Sentimos con todo lo que somos, con nuestro cuerpo y con nuestra mente. El lugar desde el que puede percibirse este sentir es el corazón, nuestro centro emocional. Así pues, cuando un determinado sentimiento ha sido desterrado de nuestro corazón y nuestra conciencia (es decir, que ni lo sentimos ni lo reconocemos), sólo percibiremos su aspecto físico y no nos daremos cuenta de que se trata de nuestro propio sentimiento. Entonces sentimos un dolor en nuestro cuerpo, una tirantez, un pinchazo, temblores, sudoración, escozor, sensación de plenitud, picor, contracción, entumecimiento, flacidez, adormecimiento, un «hueco en el estómago» o un «nudo en la garganta», una inflamación o una enfermedad. Se trata en ese caso del resto del sentimiento, la capa más profunda de la que todavía somos conscientes. Si a partir de aquí queremos volver a descubrir el sentimiento, debemos volver a vivir conscientemente y con atención esa sensación física.

Si queremos resolver las partes dolorosas de nuestra existencia, redescubriéndolas y acogiéndolas en nuestro corazón, debemos percibir lo que ocurre en nuestro cuerpo. Por este motivo, el camino hacia el corazón empieza en el cuerpo y ésta es la razón por la que mi «trabajo del corazón» se centra en el cuerpo.

¿Qué significa «abrir el corazón»?

En este caso, la palabra «corazón» se refiere al corazón de tu ser. No al corazón de tu cuerpo (el órgano corazón), no al corazón de tu campo energético (el chakra corazón), sino al centro emocional de tu ser. Aquí se localiza tu verdad –lo que piensas «dentro de tu corazón», lo que deseas desde el corazón, lo que realmente sientes, lo que ansías–. Aquí se encuentra el centro de todo tu ser. Aquí es donde tiene lugar tu vida más interior. Aquí puedes sentirlo todo –lo que te mueve a ti y lo que mueve a los demás.

Las actividades alimentadas por la energía de tu corazón las realizas con amor y pasión. Estas actividades te aportan fuerza, sin importar cuánto esfuerzo sea necesario. Ocurre todo lo contrario con lo que realizas sin amor y pasión, lo que no es alimentado con la energía de tu corazón, esa fuente inagotable de fuerza, por lo que te agotas con mayor rapidez.

En las relaciones sostenidas por la energía de tu corazón inviertes amor, pasión y compromiso. Pueden ser difíciles y llevar consigo dolor y desengaño, es posible que requieran un sacrificio por tu parte, pero, a pesar de todo, estas relaciones siempre te darán fuerza. Porque la energía que nace en el corazón no fluye en un sentido único, sino que recibes por lo menos en la misma medida en que la das.

Tu corazón es una fuente inagotable de amor y energía o, mejor dicho, una estación de tránsito por donde fluye el amor y la energía de una parte de tu ser, los cuales salen a través de tu persona (un plano transpersonal). Imagina que todo el universo no es un conjunto de cosas y seres aislados, sino un campo interconectado, un organismo. Y el ser que se oculta en ese organismo y que al mismo tiempo se manifiesta, de la misma manera que tu ser se esconde en tu cuerpo al tiempo que se manifiesta, es lo que las religiones llaman Dios. Visto de esta manera, todos somos parte y expresión de un mismo y único ser. Y nuestro corazón es parte y expresión del corazón del universo o del corazón divino. Si esto es así, a través de nuestro propio corazón tenemos acceso al corazón de todos los seres con los que entramos en contacto o en los que pensamos. Realmente podemos sentir lo que otra persona siente, dentro de nosotros mismos, en nuestro propio corazón, siempre que esté abierto para ello. Eso se llama «empatía». Esta empatía no tiene nada que ver con la emoción «compasión», la cual es una reacción emocional propia frente al sentimiento del otro.

El ser del corazón es amor y mientras siente se encuentra en su elemento. Cuando estamos unidos a ese núcleo de nuestro ser y no lo cerramos, sentimos nuestro dolor y nuestra alegría, nuestro amor y nuestro anhelo y, sin embargo, no nos identificamos con estos sentimientos. Éstos no nos derrotarán, nos harán daño o nos anularán. Simplemente, tomamos conciencia de la corriente de nuestra vida interior y nos hacemos uno con ella; no existe ninguna división entre nosotros y nuestros sentimientos. Pero al mismo tiempo somos mucho más que nuestros sentimientos, por decirlo de algún modo, somos un recipiente de capacidad ilimitada. Al igual que nuestras propias emociones, sentimos la alegría, el amor, el anhelo y el dolor de los seres que nos acompañan, sin identificarnos con esos sentimientos. Sencillamente, podemos sentirlos dentro de nosotros mismos y nuestro corazón tiene la tendencia natural de regalar a los demás aquello que necesitan, sea atención, comprensión o compasión. El dar y tomar del corazón tiene lugar en el mundo de los sentimientos. Aquello que acogemos en nuestro corazón («a lo que abrimos nuestro corazón») son formas de sentimientos (dolor, alegría, amor, tristeza, ira, etc.) y aquello que nuestro corazón da también son sentimientos, pero más elevados, formas de sentimientos no relacionadas con uno mismo: compasión, comprensión, respeto.

Así pues, ¿cómo podemos abrir el corazón cuando está cerrado? En primer lugar, debemos darnos cuenta de que está cerrado. Esto no se nota sin más, ya que en nuestra sociedad es habitual que los corazones estén cerrados. Puedes reconocer que tu corazón está cerrado cuando sufres o cuando otros sufren por tu culpa. Cuando tu corazón está abierto no sufres. (Es posible que sientas dolor cuando piensas en personas que quieres y a las que no puedes ayudar; pero es algo diferente al sufrimiento que se produce cuando te identificas con tus propios sentimientos). Asimismo, las personas que tienen algo que ver contigo tampoco sufren por ti, ya que a tu alrededor creas una atmósfera en la que los demás se sienten bien, aceptados y respetados.

Así pues, en primer lugar, debes darte cuenta de que tu corazón está cerrado. En segundo lugar, debes tener el deseo de abrirlo. Y en tercer lugar, debes estar preparado para ello. De nuevo, ser es algo distinto a desear. Puedo desear que mi corazón se abra, pero no estar preparado para hacer lo que hay que hacer. Predisposición significa decir: «En este momento mi corazón está cerrado, no puedo abrirlo, pero estoy preparado para dejar que se produzca una apertura». Se trata de algo parecido a una oración por amor.

En algunos momentos, esta predisposición es muy difícil de conseguir. Cuando nos enfadamos con alguien porque pensamos que se portó injustamente con nosotros, preferimos aferrarnos a nuestro derecho y nuestra rabia que abrir nuestro corazón. Pero lo que necesita aquí un corazón abierto es nuestra ira y nuestro propio dolor por la injusticia sufrida. Abrir el corazón para ello es fácil, una vez se ha aprendido cómo funciona. Después podemos abrirnos a los sentimientos de la persona que ha cometido la injusticia con nosotros («abrirle el corazón»). Es fácil porque lo sentimos dentro de nosotros. Sólo es necesario que nuestro corazón, nuestro centro emocional, esté abierto. Para el corazón, la empatía no es una acrobacia imposible, sino algo completamente natural.

Desde el momento que abrimos nuestro corazón estamos preparados para sentir algo a lo que anteriormente (por miedo) nos habíamos cerrado. Esta apertura siempre se acompaña de comprensión, compasión, reconocimiento y respeto, los cuales aparecen automáticamente cuando se abre el corazón a un sentimiento. El corazón se ha «movido», en ocasiones se ha sacudido, sobre todo por aquello que le llega, y esto es algo muy bonito. En realidad no hay nada más bonito. Por eso, en *La voz del corazón*[1] *(Die Stimme des Herzens)*

---

1. Safi Nidiaye, *Die Stimme des Herzens (La voz del corazón)* (véase bibliografía).

se dice: «Aquel que, aunque sólo sea por un instante se sumerge en el verdadero ser del amor, sabe que sólo ha vivido en ese momento». Antes tenía miedo y podía resultar intolerable abrirse a ese dolor, pero cuando te has abierto es bonito. Es amor.

Amor

El amor es nuestro estado natural, el estado en el que nos sentimos en casa. Antes, no podría empezar nada con afirmaciones como ésta, porque no sabía cómo puede palparse el amor. Para mí era normal sentirme no querida. De hecho, podía sentir todas las emociones posibles, incluso aquellas que expresaba en forma de «te quiero», podía estar locamente enamorada, deshacerme en atenciones y ternura o consumirme por el amor de una persona, pero no sabía cómo se palpa el amor.

Y, sin embargo, cuando por fin lo descubrí, lo reconocí. No como algo que había experimentado en el pasado, sino como un estado interior natural, el único que se corresponde con la verdad, el estado original. No lo viví quizás como estado original en sentido temporal, sino en otro sentido. Sólo tuve que sumergirme en el fondo más profundo de mi ser para encontrarlo. Siempre había estado ahí.

El amor es bello. La falta de amor no es bella. Todo lo feo de este mundo lo es por este motivo, porque no está iluminado por la luz del amor. Por ejemplo, todas las partes que odias de tu cuerpo son odiosas porque las rechazas. Una persona que te quiere y que mira tu cuerpo con amor no encontrará nada odioso en él. Todas las partes de tu ser que odias son odiosas porque las rechazas. Si las mirases con amor, descubrirías su belleza. Entonces, llenas de gratitud y alegría te descubrirían la belleza y pureza que realmente constituye su base. Todo lo que encuentras odioso en este mundo es odioso porque lo rechazas. Si lo miraras con amor, lleno de gratitud y alegría te descubriría la belleza y la pureza que constituye su base.

Este principio puede ser difícil de seguir al pensar, por ejemplo, en alguien que ha torturado, matado, o dado una paliza a alguien indefenso. Siguiendo el camino que te muestro en este libro, mirando las partes que odias de ti mismo con los ojos del amor, puedes descubrir que a pesar de todo es cierto. Cuando finalmente hayas comprendido con el corazón (¡lo que no es lo mismo que comprender con la cabeza!) que estas partes odiadas, en el fondo, son puras y bellas, también podrás reconocerlo en otras personas, siempre que estés preparado para ver con los ojos del corazón.

Si te imaginas un niño totalmente fuera de sí, que se golpea a sí mismo y que detesta a alguien con todas sus fuerzas, te será más fácil comprender qué es un sentimiento negativo como por ejemplo el odio. Naturalmente, preguntarías al niño por qué odia a esa persona y con toda seguridad le dirías: «¿Qué te ha hecho?». Ya que tendrías bien claro que un niño nunca odia a alguien porque si, sino porque esa persona le ha hecho daño. Si te acercas a ese niño con la predisposición de comprenderle y respetarle, enseguida te explicará qué es lo que le ha hecho tanto daño y se te echará a los brazos llorando de dolor, pero también de alivio al saber que finalmente hay alguien ahí que siente y entiende su dolor. Y después podrá volver a estar contento.

Seamos más o menos viejos, listos, experimentados o curtidos, cínicos o fríos, profundamente en nuestro interior todos somos todavía niños y siempre lo seremos. Nuestro núcleo es y seguirá siendo un niño. (En las personas de mucha edad, ese núcleo infantil vuelve a manifestarse claramente). En nuestro interior más profundo somos tan inocentes, tan vulnerables y al mismo tiempo tan sanos y maravillosos como un niño o un ángel. Si somos totalmente honestos, nos alegramos y lloramos como un niño, anhelamos y esperamos como un niño, nos desilusionamos como un niño y odiamos como un niño. Si miramos dentro del corazón de una persona, siempre vemos ese núcleo inocente, y entonces no podemos hacer más que quererla, aun cuando censuremos lo que hace y su personalidad no nos sea simpática.

¿Cómo sería el cielo en la Tierra? Con toda seguridad todos estaríamos de acuerdo en que el cielo en la Tierra sería un lugar en el que todas las personas serían consideradas, entendidas y respetadas tal y como son, y por ello se mostrarían como realmente son: puras y bellas como un niño. Todos sus impulsos y pensamientos serían respetados y comprendidos. En ese lugar, la comprensión y el respeto serían tan habituales que no podría imaginarse el hecho de tratar a un ser de otra manera, ya que se estaría en el estado del amor y podría mirarse a todo el mundo profundamente al corazón.

Este cielo existe en verdad. Es el mundo de donde venimos. Observa a un bebé o a un gatito o la quebradiza belleza de un árbol joven. En ellos puede reconocerse todavía algo de ese mundo y todos nosotros llevamos el recuerdo en nuestro interior. Sin embargo, no creo que sea bueno imaginar ese estado celestial como algo pasado, con el que si seguimos una buena dirección en la Tierra quizás podamos contar en el futuro. Tiene mucho más sentido y es más bonito descubrirlo aquí y ahora. No es una realidad interior pasada o futura, sino una realidad siempre existente. Ese cielo viene a la Tierra cuando se lo permitimos, no sólo en la cámara más secreta de nuestro corazón, sino también en nuestros pensamientos, palabras y actos y cuando concedemos a otras personas llevar en su corazón el mismo cielo, el mismo secreto puro y vulnerable, y confiar en él.

Así pues, debemos estar dispuestos a abrir nuestro corazón y mantenerlo abierto, y reforzar día a día esa predisposición. Si el corazón se cierra cien veces, cosa que ocurrirá, lo volveremos a abrir cien veces.

Alegría de vivir

¡Qué aventura vivir en esta Tierra! Tengo un cuerpo, pies con los que camino, dedos de los pies con los que puedo ponerme de puntillas, ojos, orejas, manos. Siento la energía vital —¡mi energía!— en las células de las estructuras vivas, que respiran y laten, que me pertenecen y con las que puedo hacer cosas fantásticas: bailar, hacer volteretas, comer cerezas, asar cebollas, oler el aroma de las rosas, acariciar la piel de otra persona, darme un baño de sol, correr descalza por la hierba, producir sonidos, subir montañas, nadar, practicar el sexo... Tengo un corazón que puede sentir y un cerebro que puede pensar las cosas más increíbles. Si soy consciente de todo eso no necesito droga alguna. La misma vida es la droga, la embriaguez, el viaje. ¿Qué me impide ser constantemente consciente de ello y sorprenderme y disfrutar cada instante? ¿Qué es lo que nos retiene?

Olvidamos que somos mortales y nos comportamos en esta vida como si fuera para siempre, como si conseguir una existencia a ser posible segura y relaciones duraderas fuera lo importante. Casi como si tuviéramos derecho a algo en este mundo. Ni locos pensamos que toda la diversión se acaba pasados un par de decenios, si es que dura tanto. El más allá está lleno de gente que ha muerto prematuramente, entre ellos también algunos de mis amigos y parientes. Así pues, tenemos todas las razones para valorar el carácter irrepetible, único y especial de cada momento. Pero no lo hacemos. O en todo caso muy de tanto en tanto. Pensamos que para ello son necesarias ciertas circunstancias... ¡Pero la vida en sí misma es una circunstancia especial!

La razón principal por la que no saltamos de alegría en cada momento de nuestra vida, desbordamos amor, nos llenamos de respeto, humildad y agradecimiento es porque cerramos nuestro corazón. Y eso lo hacemos porque tenemos miedo de determinados sentimientos. Por ejemplo, tememos tanto el sentimiento de ser anulados o hundidos, que no tan sólo hemos desterrado de nuestra conciencia los pensamientos sobre nuestra propia muerte, sino también el miedo de estos pensamientos. Tenemos miedo de la inseguridad que quizás tendríamos que sufrir si sopesáramos la posibilidad de hacer realidad nuestros sueños. Nos cerramos a los sentimientos de otras personas, a su ira, su tristeza, su rabia, su infelicidad, porque tenemos miedo del sentimiento que tendríamos que soportar si nos abriéramos a ellas. Por miedo a sentirnos heridos, abandonados o despreciados, renunciamos a vivir nuestra verdad y ser felices.

¿Me abandonaría mi nueva pareja si me mostrara como realmente soy? ¿Me rechazaría? Todo ello me da miedo, de manera que prefiero no hacerlo. Prefiero ser un poco menos yo mismo y con ello estar un poco menos vivo. ¿Qué pensaría la gente de mí si hiciera lo que en este momento me apetece hacer, por ejemplo bailar en medio de la calle? Se reirían de mí o me tomarían por loco. En realidad, no sería tan malo si fuera su problema. Pero el problema sería que me sentiría ridículo, puesto en evidencia o menospreciado y es eso lo que me da miedo, lo que me hace reprimir mis ganas de bailar. Cuando finalmente llego a casa, donde puedo bailar sin que nadie me vea, se me han pasado las ganas de bailar. ¿Qué pasaría si fuera tan feliz como realmente podría serlo, si expresara todo mi potencial, diera rienda suelta a mi fuerza y ocupara mi espacio, si tuviera tanto éxito, fuera tan fuerte, tan brillante, como realmente podría ser? ¿No me odiaría o como mínimo me envidiaría la gente? ¿No sería injusto para todos aquellos que no tienen tanto talento como yo? ¿No me sentiría fatal por ello? Así pues, prefiero ser uno del montón o incorporo un poco de mala suerte a toda mi suerte. «Mirad, es posible que tenga buen aspecto y disfrute de una buena vida, pero eso no es motivo para envidiarme. También tengo que cargar con mi mochila». ¿Qué pasaría si le dijera a la dependienta que su insistencia me enerva, si le dijera al taxista que sus opiniones me parecen tonterías, si le dijera a mi padre que dejara de atosigarme o a mi madre que no me gustan esos calcetines que teje para mí todas las Navidades? En un primer momento podría pensar que no quiero herir a los otros, pero si miro realmente dentro de mi corazón, comprobaré que tengo miedo. Tengo miedo de que si les digo algo así los demás me rechacen, me juzguen, dejen de quererme o se enfaden conmigo, o bien miedo del sentimiento que esto despertaría en mí. Así pues, mejor cierro la boca. No hay que decirlo siempre todo.

La cosa sólo tiene una pega: mientras reprimo mi verdad y me contengo, provoco una tensión crónica en mi cuerpo. Muchos de nosotros vamos siempre con el «rabo entre las piernas». Otros van siempre con los hombros encogidos. Hay otras personas que debido a la tensión tienen nudos en la musculatura de los hombros. De hecho, no hay nadie que no se agarrote debido al miedo. Cada uno ha podido comprobarlo alguna vez al descubrir el dolor que se esconde detrás de ese miedo.

Todos nosotros cargamos interminablemente con mucho dolor: el dolor del nacimiento, el cual generalmente lo es todo menos agradable y natural, el *shock* de nuestra llegada a la Tierra, los sucesos no resueltos de la infancia, así como todas las penas, carencias y remordimientos no solucionados de nuestra adolescencia. Además, arrastramos sentimientos no elaborados de nuestros padres y otros antepasados, de los que habitualmente no tenemos ni idea (tal y como puede comprobarse en las constelaciones familiares de Hellinger) y más allá como eco o recuerdo en la conciencia colectiva, la historia de nuestra estirpe, nuestro pueblo y toda la humanidad, con quemas de brujas, campos de concentración, torturas y guerras, pestes y hambrunas. En nuestro cuerpo, donde se localiza la energía congelada de los *shocks* no resueltos, donde nos reprimimos, donde se encuentran nuestros nudos dolorosos, la energía vital no puede fluir libremente y ello provoca una restricción de nuestra felicidad (ya que sentir la energía vital es sinónimo de felicidad). Y, por último, perdemos por completo la capacidad de bailar de felicidad. Si queremos recuperarla debemos resolver esos nudos, esas tensiones, esos viejos miedos, aceptando su existencia. Esto significa: debemos sentirlos y compadecernos del dolor que se esconde detrás y que tememos tanto. La invitación a la fiesta de la vida es el dolor. Pero consuélate: sentir por fin el dolor que llevas contigo no provoca sufrimiento, sino alegría. «Un dolor que es rechazado por el corazón se convierte en sufrimiento; un dolor que es aceptado por el corazón se transforma en alegría», se dice en *La voz del corazón*[2] *(Die Stimme des Herzens)*.

Con frecuencia, cuando finalmente se lleva a la conciencia un dolor contra el que hemos luchado durante toda la vida, es como si una enorme riada de energía liberase la alegría de vivir.

Vivir es alegría. Existe una sílaba ancestral que significa las dos cosas: «hei». En árabe y en hebreo, «hei» significa tanto vida como alegría. Vida es equivalente a alegría. Si no lo vivimos así es porque no queremos sentir el dolor que trae irremediablemente asociado. Irremediable porque vivimos en el espacio y en el tiempo y esto implica que puede producirse separación espacial y que todo pasa, incluso lo bonito. Sin embargo, esto no está de acuerdo con nuestro sentimiento más profundo, por lo que lo sentimos de manera errónea. Nuestra naturaleza más profunda se siente como en casa en la eternidad y el infinito. Allí no existe nada que pase y nada de lo que separarse. Pero, entonces, volvemos a encontrarnos en una realidad en la que todo parece separado de nosotros y nada dura. Eso duele.

Podemos intentar salvarnos utilizando una artimaña, recordando siempre que somos seres eternos. «Sólo soy pasajero aquí, aunque todo es ilusión, en realidad, soy eterno e ilimitado. Así pues, no existe motivo para sufrir. Algunos lo hacen. Intentan llevar una vida en un plano superior espiritual. Pero de esta manera se pierden lo más bonito. Lo gracioso del asunto es que hay que dejarse llevar por la aventura

---

2. Safi Nidiaye, *La voz del corazón (Die Stimme des Herzens)*. En este libro he reflejado inspiraciones que tienen que ver con el tema y que llegan muy hondo al corazón.

de la encarnación como persona. Podemos guardar en el fondo de nuestra mente que una parte de nuestro ser es inmortal, ilimitado y que está conectado a todo, pero si utilizamos eso como refugio para huir del dolor de la realidad, nos impedimos experimentar la belleza de la vida. Esta belleza está unida de manera misteriosa a la predisposición a abrirse al dolor. Es parecido a lo que ocurre en el nacimiento. La llegada de un nuevo ser al mundo es un milagro increíble, pero para poder vivir ese milagro hay que estar dispuesto a pasar por la puerta del dolor.

El dolor y la alegría no se excluyen mutuamente. El dolor nos aleja de la alegría sólo mientras nos cerramos a él, ya que de esta manera nos cerramos a sentir. Y, naturalmente, no puede sentirse ninguna alegría si anulamos una gran parte de nuestra capacidad de sentir. Cuando deshaces el nudo en el que has retenido el dolor no deseado y permites que ese dolor fluya, salga y se expanda, de manera que puedas sentirlo conscientemente, siempre comprobarás que al final te llenas de energías renovadas y puedes volver a sentir alegría. En ocasiones, se trata de una experiencia abrumadora que tiene lugar con gran gratitud y, en otras, es una experiencia tranquila y poco aparente. Pero siempre conlleva un crecimiento de la vitalidad y el amor.

¿En contacto o no en contacto?

Un corazón abierto está en contacto, uno cerrado no. No estar en contacto implica sufrimiento. Cuando no se está en contacto –con uno mismo, con el cuerpo, con otras personas, con la vida–, aparece la soledad, el estrés, las depresiones, así como el desgraciado estancamiento en las propias emociones. Por el contrario, en los momentos de contacto aparecen sentimientos bellos como la felicidad, la plenitud, la satisfacción, la seguridad, así como emociones elevadas como la bondad, la grandeza, la gratitud, el amor, el respeto, la humildad, el recogimiento y la entrega. No nos referimos sólo al contacto con otras personas. También puede ser el contacto profundo con el propio espíritu, con la naturaleza, con el niño interior o con otras partes de tu ser que, de pronto, descubres. Puede tratarse del contacto con un árbol, con el aire, el sol, un animal o un contacto interior con otra persona alejada espacialmente o incluso muerta… Y, naturalmente, también puede tratarse del contacto con una persona con la que nos encontramos físicamente.

A propósito del encuentro físico. En la sexualidad también buscamos, sobre todo, contacto. Si hacemos caso de los autores de los libros de autoayuda más representativos, los hombres buscan básicamente contacto físico, el cual les hace sentir y de esta manera entrar en contacto con su corazón, mientras que, generalmente, las mujeres buscan el contacto emocional, el cual a su vez despierta la necesidad del contacto físico. Sin embargo, con frecuencia se practica el sexo sin que se produzca contacto. El propio cuerpo es tratado como si fuera un objeto, lo mismo que el cuerpo de la pareja. Si utilizamos el cuerpo de otra persona para despertar sensaciones agradables y para satisfacernos, sin entrar en contacto con la persona, esa experiencia no nos proporcionará especial felicidad o satisfacción. Se puede hacer lo mismo y establecer contacto con la persona que nos proporciona placer por el simple hecho de expresar agradecimiento o como mínimo de sentirlo. Estar en contacto no tiene nada que ver con la construcción de una futura «relación». Se trata mucho más de establecer una relación en el momento en que me encuentro con la persona, de la manera en que soy en ese momento, con mi verdad. Puedo estar en contacto y decir: «Sólo quiero sexo contigo». No obstante, también puedo decir: «Te quiero» sin estar en contacto con la persona a la que se lo digo o con mis propios sentimientos.

En muchas culturas es costumbre saludar a las personas que te encuentras por el camino. De esta manera, durante un instante, se establece contacto y el otro se convierte en «tú» y no en un objeto que percibo (con suerte). En las grandes ciudades, generalmente, la gente se mira de reojo o incluso se mira de arriba abajo sin establecer contacto. El otro se convierte en un objeto que observar, en lugar de ser «tú», y yo me quedo dentro de mi burbuja de aislamiento. El contacto conlleva riesgos: provocar enfado, ser molesto y plantearnos retos, pero el contacto también significa vida.

El contacto santifica y sana, mientras que la falta de contacto quita la santidad a todo, nos arranca del mundo sagrado de la unión y, finalmente, nos provoca enfermedad. De acuerdo con las palabras del gran filósofo judío Martín Buber, al convertir el sujeto y al otro en objetivo de mi percepción, el contacto hace que una «relación Yo-Eso» se convierta en una «relación Yo-Tú». Cito aquí un fragmento de *Yo y tú*, la obra más conocida de Buber:

«Observo un árbol. Puedo percibirlo como una imagen… Puedo sentirlo como movimiento… Puedo reconocerlo como expresión de la Ley… En todos los casos el árbol sigue siendo mi objeto. Pero también puede suceder que por voluntad y gracia, al observar el árbol cree una relación con él y deje de ser eso… El árbol ya no es una impresión, un juego de mi imaginación, un valor imponderable, sino que vive frente a mí y tiene que ver conmigo, de la misma manera que yo tengo que ver con él –sólo que de otra forma… Relación significa reciprocidad.

El que habla de Tú, no tiene ningún Algo como objeto… Pero él se mantiene en la relación».

Si deseo encontrar el camino hacia una relación sana y sagrada con los demás, en primer lugar tengo que contactar conmigo misma. Sentir la respiración constituye un primer paso, sentir el cuerpo es un segundo paso. El siguiente paso consiste en descubrir cómo me siento y no limitarme a registrarlo, sino establecer contacto con esos sentimientos, sentirlos y abrazarlos. Ocurre pocas veces, pero cuando se logra, uno mismo se convierte en tú, y se establece una relación sagrada, una intimidad con uno mismo. Y, de pronto, uno se siente en contacto con todo. El propio cuerpo se convierte en tú, frente al que te sientes lleno de gratitud y amor, el aire que respiras, la casa, sus paredes que te rodean, las estrellas del firmamento, los seres amados, en los que piensas... El mundo entero se transforma en cuanto, como Buber dice, entras en contacto «por voluntad y gracia al mismo tiempo».

Antes, experimentaba estos instantes únicamente por «gracia». No podía provocarlos a voluntad y no tenía ni idea de cómo podía volver a establecer el contacto una vez lo había perdido. Lo intentara como lo intentara no lo conseguía.

Pero desde que descubrí el camino hacia el corazón, al cual me refiero como «trabajo del corazón centrado en el cuerpo», sé cómo conseguir el estado de «estar en contacto» en cualquier momento. Es muy sencillo. Sólo tengo que dirigirme a mí misma y entrar en contacto con el sentimiento que momentáneamente me domina, lo que, he comprobado una y otra vez, siempre es posible.

Respirar, sentir, abrir el corazón –y nuevamente estoy en contacto y llena de alegría y de la magia de la vida.

Antes de iniciar el camino...

Para poder emprender el camino necesitas dos cosas: un motivo y predisposición. Ninguno de los dos debe ser artificial, sino que debes encontrarlos dentro de ti.

Que necesitas un motivo es algo obvio. Puede tratarse de un problema que deseas resolver o el deseo de liberación, curación, aclaración, resolución, despertar, amor o cualquier cosa. En todo caso, necesitas algo que te motive a realizar el trabajo interior. Es interesante tener claro ese motivo, ya que en los momentos difíciles te ayudará y te dará la fuerza para seguir cuando una voz dentro de ti te diga: «¡Vaya tontería, mejor encendemos el televisor!».

En segundo lugar, necesitas predisposición y no cualquier predisposición, sino una muy especial. Sin esa predisposición te será difícil salir de tu confusión o abrir tu corazón. Qué predisposición es la tuya es algo que yo no puedo decirte. Eso tienes que descubrirlo tú mismo. Te daré sólo un par de ejemplos que deben aclararte el tipo de predisposición a la que me refiero:

- la predisposición a llegar al fondo de una cosa;
- la predisposición a tomar conciencia de todo aquello escondido en tu interior;

- la predisposición a despertar de la hipnosis de tus pensamientos;
- la predisposición a volverte hacia ti mismo;
- la predisposición a preocuparte por las propias necesidades internas;
- la predisposición a abrir tu corazón a todo lo que surja;
- la predisposición básica a amar;
- la predisposición básica a abrirse a la verdad.

¿Qué predisposición básica puedes despertar en ti? Encuéntrala, porque es muy valiosa. Aunque de este libro sólo sacaras la utilidad que tiene para ti este punto, ya te habrá hecho un gran servicio. Piensa en esa predisposición cada mañana o cada vez que te venga a la cabeza. Acude a ella cuando abordes un problema que te lleva a ella. Recurre a ella cada vez que la vida se ponga difícil. Esa predisposición te ayudará a superar cada situación y salir enriquecido de ella.

Ahora ya tienes tu equipo para el viaje y sólo te queda encontrar la forma de entrar. La entrada es siempre el tema que requiere más empeño. Yo me refiero a este tema como «problema». Los problemas ofrecen la entrada más sencilla hacia el corazón. Antes de que te explique de forma práctica cómo utilizarlos para abrir tu corazón, me gustaría comentar desde un punto de vista elevado lo que significan los problemas.

Problemas

Los problemas existen desde que el hombre es hombre. Los animales no tienen problemas. Las plantas no tienen problemas. Ni las rocas ni el mar, ni el viento, ni el fuego tienen problemas. Sólo el hombre tiene problemas.

Esto no se debe a que sea más tonto que el resto de las formas de vida de este planeta, sino a que en el hombre se despierta la inteligencia del universo. En el resto de formas de vida existe de manera inadvertida; el hombre empieza a ser consciente de sí mismo y a descubrirse. En cada dintel hacia una mejor conciencia, ante cada nuevo «ah» se plantea un problema. El problema es aquello en lo que se concentra la tensión del no saber y querer saber, del no poder y querer poder. Cuando se ha superado la tensión que ese problema provoca, la conciencia da un salto y el problema se resuelve. El hombre pasa el resto de su existencia sobre la base de su nuevo conocimiento. Así pues, los problemas son algo parecido a crisis que nos hacen despertar y seguir avanzando. Visto así, los problemas no son algo que haya que solucionar, superar o deshacerse de ellos, sino algo que hay que vivir tan intensamente como sea posible. Una vez ha sucedido, la solución se presenta sola.

En este contexto me gustaría mostrarte una nueva forma de enfrentarse a los problemas. ¿Qué ocurriría si dieras la vuelta a los esfuerzos agotadores y generalmente inútiles de superar o reprimir tus problemas y en su lugar vivieras por una vez el problema de manera consciente? Si lo hicieras descubrirías que tu problema no sólo repercute en tu situación vital y en tu cabeza, sino también sobre tu cuerpo en forma de tensión, dolor o cualquier otra sensación. Si prestas atención a estas sensaciones físicas, descubrirás que son expresión de un estado de ánimo, una emoción, de la que hasta ese momento no habías sido consciente. Es precisamente la emoción que ha hecho que el problema fuera tal para ti. Y cuando analizas con atención esa emoción, descubres que en la base existe un dolor, el dolor de una antigua herida emocional. Ese dolor quiere ser sentido. Eso es todo. No se necesita nada más para resolver tu problema y curar la vieja herida.

Cuando afrontas tus problemas de esta manera, matas más pájaros de un solo tiro. En primer lugar, dejas de luchar sin sentido contra tu problema, contra ti mismo, tus congéneres y el destino; en segundo lugar, te das la oportunidad de descubrir y curar las heridas emocionales que se esconden tras tu problema; en tercer lugar, como consecuencia de este descubrimiento te liberarás de numerosas convicciones erróneas; en cuarto lugar, vuelves a ser uno, cuando antes estabas separado de una parte de ti mismo, y, en quinto lugar, abres tu corazón –y esto es lo mejor de todo.

Así pues, he aquí la buena noticia: puedes dejar de intentar curarte a ti mismo, tus problemas y tus semejantes; sólo tienes que ser consciente. Si estás dispuesto a llegar al fondo de tu problema, tomando conciencia de todo aquello que se esconde en tu interior, si estas dispuesto a no cerrarte a nada de lo que pueda aparecer, encontrarás la solución en tu interior.

Con cada paso que des en este camino desarrollarás más empatía, respeto y comprensión hacia ti mismo y hacia los demás, serás más un todo y tus pensamientos y exposiciones serán más claros. Y si sigues este camino del corazón, descubrirás el amor que está en el fondo de todos nosotros, incluso en tus peores experiencias, tus heridas más profundas y tus relaciones más complicadas. Y poco a poco, ese amor devolverá todas las cuestiones de tus mundos interior y exterior a la verdadera luz. Ya que allí donde brilla el sol del amor, ya no existen malentendidos.

El sol del amor

Imagina que fueras un campo de energía de alguna manera visible y perceptible, formado por partes claras y partes oscuras. Sigue imaginando que en el centro de ese campo de energía brilla un sol. Ese sol es tu corazón (en este caso no el órgano, sino el centro de tu ser). Algunas partes de esa imagen viva, que late y respira son iluminadas por ese sol. En ellas hay claridad y calor y todas las partículas de energía, que aquí se asemejan más a ondas que a partículas, se sienten bien en ellas, seguras y en el lugar adecuado. Oscilan, zumban y bailan en armonía.

Sin embargo, la mayor parte de ese campo de energía no es alcanzada por los rayos solares. En esas zonas está oscuro y frío. Las partículas que se encuentran en ellas están paralizadas por el frío y vegetan en la oscuridad. Pasan hambre, se sienten abandonadas, traicionadas, humilladas, juzgadas injustamente y presas, pero nadie se da cuenta de ello.

A causa de un suceso o un encuentro, todo el campo se ve agitado. Es entonces, cuando surge un rayo de esperanza en esas partículas en la sombra, ya que algunas de ellas, como consecuencia de la agitación, son catapultadas cerca de las zonas claras. Quizás tengan la suerte de ser advertidas y liberadas de su existencia cautiva. Pero también puede ser que no. Entonces, después de un tiempo entran en una ira desvalida, se resignan y al final se amargan y vuelven a la fría oscuridad del mundo de las sombras.

Ésta es una imagen aproximada de lo que ocurre en nuestra mente. Algunas partes de nuestra personalidad son advertidas y aceptadas con amor y respeto. Sienten una existencia despreocupada y disfrutan del reconocimiento y el amor de nuestro corazón. Sin embargo, hemos desterrado muchas otras partes de nosotros mismos que representan todo aquello que no queremos tener o no queremos ser o sentir. Podemos rechazar, expulsar e ignorar esas partes; podemos incluso negar conocer algo así, pero de esta forma no conseguimos resolverlas o que desaparezcan de nuestro campo de vida. Cómo podrían hacerlo si, de hecho, son partes de nosotros mismos. Mientras neguemos o ignoremos su existencia, tampoco pueden cambiar. Así que durante años y decenios sufren de la misma manera por ellas mismas. Se sirven de cualquier oportunidad para hacerse notar. Por ejemplo, nos meten una y otra vez en situaciones en las que nos vemos obligados a notarlas. Se manifiestan en nuestra forma inconsciente de expresarnos, en los sueños, en nuestras reacciones automáticas y en nuestras convicciones. Físicamente se manifiestan en forma de tensiones, dolor, inflamaciones y enfermedades, en nuestra postura y en nuestra expresión facial.

Aquel que no las descubre en sí mismo, puede reconocerlas reflejadas en el espejo del mundo, en las situaciones en la que se encuentra y en el modo en que los demás se relacionan con él. Ya que las personas reflejan las partes inconscientes del otro. Es decir, siempre tendemos a tratar a las personas de la misma manera que se tratan a sí mismas. Si una persona no se respeta, nos será difícil respetarla. Esto puede traducirse en que la reprendamos y aleccionemos con frecuencia o simplemente en que no tomemos en serio sus manifestaciones. Cuando alguien se abandona, su pareja emulará ese comportamiento siendo poco respetuoso y afectivo con él. El mensaje inconsciente que da esa persona es: «No valgo nada y no merezco que se preocupen por mí». Transmite ese mensaje con su postura, su voz, su mímica y la forma de hablar y comportarse.

Así pues, si queremos descubrir reflejadas en nuestro entorno aquellas partes de nosotros mismos que llevan una existencia sombría en la oscuridad de nuestro subconsciente, sólo debemos prestar atención a cómo nos tratan las otras personas y cómo nos sentimos por ello. Si con frecuencia pasamos desapercibidos y nos enfadamos por este motivo, podemos estar seguros, en primer lugar, que detrás se esconde un antiguo dolor que queremos evitar sentir a cualquier precio y, en segundo lugar, que tendemos a no prestarnos atención, no percibiendo por ejemplo esa parte de nosotros que se siente desatendida.

Volvamos a nuestras partículas sombrías. Dado que desde pequeños hemos aprendido a reprimir nuestros sentimientos, nuestro submundo interior está poblado por innumerables y distintos personajes. No tiene ningún sentido entrar en el sótano con una linterna y querer velos a todos de un solo vistazo, siguiendo el lema: arremanguémonos y manos a la obra. La mayor parte de los habitantes del sótano se esconderán, hasta que el haz luminoso de la conciencia exploradora haya desaparecido. Porque, el que ahora viene con la linterna es el mismo que los abandonó allí. De él no pueden esperar nada bueno. Así pues, cuando explores con la mirada inquisitiva de tu subconsciente, en un primer momento no descubrirás nada. Además, en nuestras prisiones internas hay tantos personajes desterrados, que si los descubriéramos todos al mismo tiempo probablemente tendríamos un *shock* demasiado intenso y echaríamos a correr.

La propia vida nos proporciona una forma sencilla y sana de ir llevando luz paulatinamente a esa oscuridad. Simplemente debemos afrontar el problema que nos preocupa más en ese momento. De esta manera, intentamos prestar atención a una de esas partes sombrías. Para ello no es necesario ningún tipo de reflexión, ninguna búsqueda, escarbar en el subconsciente, investigar en el pasado. Simplemente hacemos lo que de todas maneras hacemos la mayor parte del tiempo: nos ocupamos de nuestro problema actual, aunque de forma más eficaz, dándole luz y amor. No se trata de una cháchara esotérica de luz y amor, sino que es algo muy preciso. La luz está presente cuando la conciencia está conectada. El amor está presente cuando el corazón permanece abierto.

Luz y amor

Nuestro Yo-sótano está formado, como ya he dicho, por un número de partículas emocionales y partes del ser muy distintas. Así, por ejemplo, está el odio hacia nuestros padres, el cual no queremos sentir bajo ningún concepto (porque no está permitido) y en ocasiones incluso hacia Dios (lo cual todavía está más prohibido); odiamos a ambos por lo que nos han hecho. También existe el sentimiento de culpa, el cual no queremos sentir, pero al que nos aferramos. Existe un antiguo rencor, del que no nos deshacemos aunque pongamos todo nuestro empeño en superarlo. También debemos contar con el miedo existencial, del cual no queremos saber nada porque tenemos miedo de imaginar lo que podría pasar en caso de que surgiera una emergencia importante. Está nuestro miedo a la vida y a la muerte, a la vejez o a la violencia física, miedos que nos ocultamos a nosotros mismos por idéntico motivo. Prevalece asimismo el deseo de que no existan los celos que tanto despreciamos. También sentimos la necesidad de ser importantes y relevantes, que ha sido relegada al olvido junto con otras necesidades y otros sentimientos infantiles, porque no queremos ser tan egoístas, tontos o primitivos. Está también la tristeza que no admitimos porque tenemos miedo de ser atenazados por ella, la ira que reprimimos porque tememos su fuerza destructora. Existe la rabia contra nuestra pareja, la cual no puede manifestarse porque tenemos miedo de perderla si nota que estamos rabiosos. Se produce el enfado por cualquier nadería, el cual negamos porque creemos que estamos por encima de todo eso. Está nuestra vergüenza que reprimimos por miedo. También todo ese miedo que no puede existir porque queremos ser una persona sin miedos.

Y debajo de todo eso está oculto el dolor. Ese dolor es en realidad de lo que se trata. Todos los sentimientos negativos, el miedo, la rabia, la ira, la envidia, los celos, la tristeza, la resignación, la debilidad, tengan el nombre que tengan, no son más que nuestros intentos para no tener que sentir ese dolor. El profundo dolor que se esconde bajo esos sentimientos proviene de heridas emocionales que sufrimos en otro tiempo y que no pudimos resolver por lo que tuvimos que reprimirlo y que no pudieron sanar porque el dolor nunca fue sentido. La luz y el amor no pudieron llegar a esas heridas, y la luz y el amor son los únicos que precisan las heridas emocionales para curarse. Expresado de otra manera: si queremos que esas heridas se curen, deben ser reconocidas por nuestra conciencia y aceptadas por nuestro corazón.

Antes se pensaba que para alejar de uno lo malo e indeseado había que mortificarse (orientación cristiana) o meditar imperturbablemente sobre lo absoluto (yoga) o repetirse una y otra vez cosas buenas y bonitas (pensamiento positivo). Entre los zoroastros (seguidores del profeta Zaratustra), los esenios (el grupo espiritual en el que Jesús fue instruido), los cátaros y otros grupos de orientación mística se hablaba de una lucha entre las fuerzas de la luz y las fuerzas de las tinieblas. La lucha a la que se referían estos místicos es la lucha que tiene lugar en el interior de las personas. Y bajo el término «luz» no debe entenderse lo bueno en el sentido moral, de la misma manera que bajo el término «tinieblas» no debe entenderse lo malo. Luz significa mucho más conciencia & amor, y tinieblas es la ausencia de conciencia & amor. Uno ambos términos con el signo et para subrayar que conciencia y amor son en último extremo uno solo o desembocan en uno. Si desearas ser plenamente consciente de una cosa o de un ser, deberías aplicar tu conciencia a esa cosa o ser y experimentar lo que significa ser esa cosa. Y entonces llegarías al estado del amor. Dicho de otra manera: cuando tu conciencia quiere abarcar a otra persona, esto sólo es posible si abres tu corazón para esa persona. Y cuando tu corazón está abierto, no puedes hacer nada más que querer a esa persona, ya que el amor es el estado natural del corazón abierto. Así pues, la conciencia y el amor van a parar finalmente al mismo sitio.

La idea de que la luz debe luchar contra la oscuridad me parece absurda. De la misma manera, la idea de que debemos convertirnos en «guerreros de la luz» e iniciar una campaña contra todo lo que encarnan las tinieblas también parece absurda y peligrosa. La luz y la oscuridad se encuentran en nuestro propio interior y no luchan entre ellas. Si queremos que desaparezca la oscuridad hay que encender la luz. ¿Has observado alguna vez que se desatara una lucha entre la luz de la bombilla y la oscuridad de tu habitación? ¿Es el alba una lucha entre la luz del sol y la oscuridad de la noche? La oscuridad desaparece en cuanto se hace la luz. La ignorancia desaparece en cuanto surge el conocimiento. La falta de amor desaparece en cuanto aparece el amor. No hay ninguna lucha. ¿Se defiende la soga que durante la noche confundimos con una serpiente a la luz del día para no ser reconocida como tal? De la misma manera, las partes de nuestro ser que existen en la sombra no se defienden contra la acción de la luz del amor y la conciencia. Si has tenido otras experiencias, no ha sido con la acción del amor y la conciencia, sino con algo distinto, por ejemplo con la intención de juzgar, dirigir, enmendar o «curar» la parte correspondiente de tu Yo, de transformarla en algo que no es. Todo ello no tiene nada que ver ni con el amor ni con la conciencia (la conciencia es neutral), sino que en último extremo se reduce a un rechazo.

Si abordas una partícula sombría con conciencia y amor estará feliz de ser resuelta. No obstante, siempre debes dirigir la luz hacia la capa superior. Si esta partícula sombría se siente, por ejemplo, culpable de haber roto un tabú –por ejemplo, porque de niño hubo algún momento en el que deseó sexualmente a su padre o a su madre–, esa partícula estará avergonzada y deberás dirigir la luz de la conciencia y el amor hacia esa vergüenza. Cuando se haya asumido la vergüenza podrá incidirse sobre la culpa y sobre el deseo que provocó la culpa y la vergüenza. Sólo entonces se habrá resuelto todo el complejo y dejará de influir sobre tu comportamiento hacia ti mismo y hacia los demás y de enturbiar tu sexualidad.

Así pues, sólo debe encenderse la luz para que desaparezca la oscuridad, y esa luz es la conciencia y el amor, que en último extremo son lo mismo. Sin embargo, para nuestra actitud consciente cotidiana, la conciencia y el amor son dos cosas distintas. Por este motivo, en la práctica debes encenderlas de manera consecutiva: en primer lugar, la luz de la conciencia y después la luz del amor. En tercer lugar, experimentarás cómo la conciencia y el amor se hacen uno, cuando hayas aprendido a abrir tu corazón. En el corazón no existe conciencia sin amor, ni amor sin conciencia. El corazón no puede hacer más que abrirse en el amor para quienes está reservado. Y no puede hacer otra cosa que reconocer a los que se abre con amor.

Se hizo la luz

Así pues, arrojemos luz sobre nuestros problemas. La luz es concienciación. Nada más. Si quieres ser consciente, debes despertar al observador que hay en ti, el «testigo», como es nombrado en algunas escuelas espirituales. Se trata de la parte de ti que se limita a percibir. Éste es el paso más importante. Y antes de explicarlo, ilustrarlo con más detalle y adornarlo, te invito a acercarte. Haz un descanso y conságrate a la percepción.

Percibe tu respiración. Percibe cómo tu pared abdominal se eleva con la inspiración y desciende con la espiración. Percibe los ruidos de tu entorno más cercano y más alejado. Percibe tu cuerpo. Siente el estado de tu cuerpo. Echa un vistazo a tus pensamientos. En lugar de simplemente pensar para ti, observa qué y cómo piensas. Inspirar, espirar… Si no percibes una respiración, significa que durante una respiración estuviste distraído. La percepción, la observación, la concienciación estaban dormidas. Esto ocurre de vez en cuando, es completamente normal. En cuanto te des cuenta, echa un vistazo a lo que en ese momento estabas pensando —«Ah, pensaba en comida», y vuelve a la percepción de la respiración y al momento presente. Basta con hacerlo durante dos o tres minutos. De otra manera sería agotador, y el agotamiento no es útil para nuestro objetivo.

Con este ejercicio sólo pretendo mostrarte una pincelada de a lo que me refiero cuando hablo de concienciación. Su origen se encuentra en la meditación zen o vipassana budista. Si quieres aprender a abrir tu corazón en lugar de romperte la cabeza, no es necesario que cada día dediques media hora a sentarte en silencio como lo hacen los seguidores de esas escuelas espirituales. Para nuestro objetivo es suficiente la capacidad de ser observador, descubrir dentro de uno mismo y después acordarse siempre cuando nos enfrentemos a un problema o una situación difícil. Éste es el camino más sencillo y natural. Cuando nos hallamos inmersos en un problema, nuestro interés por conseguir algún tipo de ayuda o encontrar una salida es naturalmente muy grande y en cuanto hayamos aprendido que la ayuda y la salida se hacen patentes cuando conectamos el observador, desde luego lo conectaremos en cuanto la situación sea crítica. De esta manera, con el tiempo se desarrolla una concienciación completamente general y en todas las situaciones.

Porque el observador o la concienciación despiertan la necesidad de poner en marcha la «percepción». Lo primero que percibimos, cuando tomamos conciencia de la realidad del momento presente es nuestra respiración. Así pues, «respiración» es una importante palabra clave para acordarnos de la concienciación. En el momento en que digo para mí la palabra «respiración», se despierta la concienciación. Me he despertado de la hipnosis de mis propios pensamientos, una situación una conversación o un sentimiento y empiezo a percibir conscientemente lo que ocurre. Percibo mi respiración. Percibo cómo vive mi cuerpo esos pensamientos, ese sentimiento, esa situación o esa conversación (por ejemplo, con los hombros elevados y la frente fruncida). Percibo lo que ocurre dentro de mí. Percibo lo que pienso, en lugar de simplemente pensarlo. Percibo lo que siento, en lugar de simplemente sentirlo. Más adelante, esta percepción aumenta y comprende también lo que ocurre en el interior de otros. Pero al principio debemos limitarnos a nosotros mismos, porque sólo puede reconocerse en los demás aquello que antes hemos reconocido en nosotros mismos. De lo contrario, haremos una interpretación errónea (sacar a la luz aquello que ya se conoce).

Uno es consciente de los pensamientos cuando los observa. La concienciación en relación con el cuerpo implica más que la simple observación. Significa sentir conscientemente. Cuando se quiere ser consciente del plano físico, el observador debe colocarse en el centro del cuerpo y no en la cabeza. Hay que sentir lo que ocurre en nuestro interior. Debe vivirse conscientemente.

La concienciación en lo referente a las emociones implica experimentar una emoción de manera consciente y reconocer al mismo tiempo esa experiencia como sentimiento.

Lo que quiero decir con todo esto es que la concienciación no tiene lugar exclusivamente en la cabeza. La concienciación comprende todos los planos, y en cada plano tiene un nombre distinto. En el plano físico nos referimos a ella como «notar», en el plano emocional como «sentir» y en el plano espiritual como «percibir». Se trata de tres grados diferentes de la concienciación, y yo propongo que los presentemos en tres fases separadas. Empecemos por tomar conciencia de nuestros pensamientos –el ejercicio más sencillo con la mayor eficacia.

Consciente o inconsciente.
La diferencia decisiva

No tienes por qué cambiar tu vida ni a ti mismo o a tus seme-jantes, sólo tienes que ser consciente. Así, los cambios se pro-ducirán por sí solos. Tampoco tienes que solucionar los problemas, sólo tienes que ser consciente. No tienes que hacer ninguna pirueta para ser una persona mejor. Sólo tienes que ser consciente. No tienes que interferir violentamente en tu destino, en tus pensamientos, sentimientos o relaciones. Sólo tienes que ser consciente. De alguna manera, cuando eres consciente, las cosas cambian por sí solas de forma positiva.

Cuando me enfado con alguien y pienso que esa persona es un perro miserable:

- estoy identificándome con mi enfado,
- no siendo consciente de ese hecho,
- tampoco soy consciente de mi enfado (porque dirijo mi atención a los pensamientos sobre la otra persona)
- y tampoco soy consciente de lo que, en realidad, siento (de lo que intento defenderme a través del enfado), por ejemplo, el dolor que me provoca haber sido traicionado o humillado. Cuando pienso que no me queda otra solu-

ción que hacer las maletas y dejar a mi marido y después me siento desesperada porque no lo consigo, estoy siendo inconsciente. Si percibo que tengo el deseo de huir de la situación y si tengo la sensación de desvalimiento y noto la consecuente desesperanza, como mínimo soy parcialmente consciente. Sólo seré del todo consciente cuando también sienta el deseo de huir, así como la sensación de desvalimiento y desesperación.

De forma general: cuando soy totalmente inconsciente, pienso en las cosas o las personas que considero son la causa de mi problema. Intento cambiarlos (lo que es difícil o imposible), desearía que fueran de otra manera o caigo en la autocompasión porque no son de otra manera. Así pues, aplico mi energía en el lugar inadecuado y obtengo un sentimiento de frustración.

Si soy algo más consciente, percibo que tengo un problema. Así pues, intento cambiarme (lo que es difícil o imposible), desearía ser de otra manera o caigo en la autocompasión porque no soy de otra manera. De nuevo, malgasto mi energía aunque en el lugar correcto.

Cuando estoy en el camino de ser plenamente consciente, percibo lo que pienso y siento, y no caigo en la trampa. Así pues, percibo el pensamiento de que tengo un problema. Asimismo, percibo el deseo de eliminar ese problema (dado que un deseo no es sólo un pensamiento, sino también un sentimiento, también tengo que sentirlo para poder percibirlo plenamente). Y, por último, percibo cómo todo eso me hace sentir. En lugar de tener pensamientos de rabia, percibo mi miedo. Cuando compruebo que tengo pensamientos de rabia, quizás me digo a mí mismo: «Siento rabia. Quiero comprobar si puedo deshacerme de ella conscientemente. Ah, es así cómo se siente».

Aquello que surge siempre se percibe sólo conscientemente, *sin identificarse con ello*. Ésa es la clave. Ésa es la oportunidad de pasar de un ser atrapado en sus pensamientos y sentimientos a un ser que percibe conscientemente los pensamientos y sentimientos y no está dominado por ellos.

Permíteme que intente explicarte lo que significa «identificarse». Identificarse con algo significa que uno mismo se siente esa cosa. Cuando me identifico con el sentimiento de tristeza digo: «Estoy triste». Todo mi Yo —como aquello que creo ser— se equipara entonces con la tristeza: «Yo = triste». Esto se llama identificación. La identificación es siempre una limitación. Todos los otros sentimientos que también forman parte de mí, pero que en ese momento no se encuentran iluminados por la luz de mi atención, pasan a ser así no-Yo.

Esto no es malo siempre que seamos conscientes que «estoy triste» no es una expresión literal, es decir, no significa «Yo = triste», sino simplemente describe un estado pasajero. Lo gracioso del caso es que la mayor parte de nuestras identificaciones tienen lugar de manera inconsciente y automática, y de esta forma son perpetuadas y reforzadas.

Pondré un ejemplo. Desde que era niña he presupuesto que no sería amada. Por así decirlo, ese pensamiento formaba parte de mi inventario básico. No conocía ningún estado en que no hubiera aplicado ese principio. Así pues, en primer lugar, no sabía lo que significaba ser amada y, en segundo lugar, todavía no lo había percibido conscientemente. Mi fórmula de identificación era: «Yo = no amada», lo que significaba que todo lo que me sucedía lo interpretaba según este pensamiento. Es decir, que el amor que las personas me brindaban no llegaba a mí. Mientras la igualdad «Yo = no amada» dominaba en mí, no dejaba a ese «Yo» lugar para ningún otro sentimiento.

Para poder cambiar esto, en lugar de partir inconscientemente de la base de que yo no sería amada, tuve que percibir conscientemente la existencia del pensamiento «no seré amada» y el dolor asociado al mismo. Al decir «ah, es este pensamiento y este sentimiento», me libré de la identificación con ello. Entonces, «Yo» dejó de ser igual a «no amada», y pasó a ser aquella que percibe el sentimiento de no ser amada.

Para proseguir con la historia e incidir de nuevo en ella en posteriores capítulos: no es suficiente con decir, «ah, es ese sentimiento». Un sentimiento es percibido al sentirlo y no al pensar en él. Esto quiere decir que tuve que dar paso al dolor del que hasta ese momento había huido como de la peste. Tuve que abrirle mi corazón.

Una vez lo hice, surgió un nuevo sentimiento desconocido en mi interior y pasó un tiempo hasta que logré reconocerlo como lo que era: el sentimiento de sentirse amada. Entonces pude decir para mí: «Ah, interesante. Así es cómo te sientes cuando eres amada». No es que hasta entonces no me hubieran amado, pero no me había permitido sentirlo. A pesar de desearlo con todas mis fuerzas, me había resistido con uñas y dientes. Simplemente, no estaba acorde con mi identificación. Era una amenaza para aquello que yo sostenía como «Yo» (el sentimiento básico de no ser amada). ¿Suena a locura, no es cierto? Pero te sorprenderás de las locuras que descubrirás en ti mismo, al hacerte más consciente.

Inconscientemente nos identificamos con cualquier pensamiento o sentimiento posible, y mientras no nos demos cuenta no podemos cuestionar esta identificación. Cuando la identificación se abre, por ejemplo en forma de frases que empiezan con «Yo», tenemos la oportunidad de reconocer la identificación y cuestionar su validez absoluta. Sin embargo, la mayoría de las veces es inconsciente. Un ejemplo ilustrará la diferencia.

Identificado con el sentimiento: «Estoy irritado».

Identificado inconscientemente con el mismo sentimiento: «¡Realmente esto es lo último!».

Identificado conscientemente: «Existe una gran irritación dentro de mí y noto que me identifico con ella».

Consciente y no identificado: «Siento mi irritación conscientemente. Percibo que es una defensa contra un dolor. Percibo que tengo miedo de admitir ese dolor y tomo conciencia del propio dolor (el dolor de la injusticia)».

Si una amiga me cuenta que su marido le ha dado una paliza y que finalmente ella le ha dado la mano y le ha preparado café, posiblemente, si no he conectado mi conciencia, le diré: «Cuando escucho esta historia la rabia me vuelve loca».

Si entonces mi amiga me preguntara «¿Por qué?», probablemente le respondería: «¡Estás de broma! ¡Te dejas apalizar por tu marido y en lugar de echarle y denunciarle, le das la mano y le preparas café!».

Si tuviera la conciencia conectada le diría juiciosamente: «Mientras me contabas esta historia he sentido una gran rabia… Creo que estoy tan irritada porque hay un sentimiento de desvalimiento, sumisión e injusticia y porque no quiero sentirlo. No sé si asumo tus sentimientos o si se trata de mi propia reacción ante esta historia».

Con la primera reacción «normal» me identifico con la rabia de mi amiga (la cual ha reprimido) y la mía propia. Renuncio a la posibilidad de descubrir el dolor que se esconde detrás de la rabia. La ayudo a identificarse con una parte de sí misma, en lugar de hacerla consciente. Con la segunda reacción no me identifico con un sentimiento, sino que me mantengo como la que percibe. Por ejemplo, podría comprobar que no ha admitido sus propios sentimientos de rabia, desvalimiento y vergüenza por la humillación, porque temía tener que dejar a su marido si se permitía esos sentimientos negativos. Sin embargo, de ninguna manera ésa tiene que ser necesariamente la consecuencia. Puede abrir su corazón a su rabia y su dolor y al mismo tiempo al deseo de permanecer con su marido o al miedo de lo que pueda pasar si le deja. Todo eso está dentro de ella y el hecho de que estos distintos sentimientos le parezcan irreconciliables se debe a que su corazón está cerrado. Si tuviera el corazón abierto, podría tener la sorprendente experiencia de que todos esos sentimientos pueden coexistir sin problemas. La completa aceptación de todos esos sentimientos conduciría a la solución del problema. No sería una solución como la que la razón intenta encontrar, sino el tipo de solución que la propia vida nos da tan pronto hemos experimentado conscientemente todos los aspectos del problema.

El primer paso: «Ah, interesante»

Antes de que sigas leyendo, me gustaría invitarte a dar un primer paso concreto. De esta manera, podrás seguir probablemente con mayor facilidad mis explicaciones.

Para este primer paso te recomiendo utilizar como «mantra» o palabra cable la interjección «ah». Debe surgir cada vez que estés hipnotizado por un pensamiento o liado con un problema. Debe despertar tu concienciación. En cuanto te des cuenta de que tus pensamientos giran alrededor de un objeto, o en cuanto te sientes atrapado en una situación difícil, acuérdate del «ah». En lugar de seguir pensando para tus adentros, examina tus pensamientos y di: «Ah, esto es lo que pienso». Opcionalmente, también puedes probar con «Ah, interesante». Si te das cuenta de que precisamente estás pensando lo improbable que consideras que el Sr. X simplemente disfrute de tu tiempo, dite a ti mismo: «Ah, interesante. Éste es el pensamiento de que X disfrute de mi tiempo. Y éste es el pensamiento de que lo encuentro improbable». Más adelante prestarás atención a los sentimientos que se encuentran tras los pensamientos, pero para este primer paso es suficiente percibir conscientemente los pensamientos en lugar de sólo pensarlos, y precisamente eso es lo que debe recordarnos el mantra «ah». Puedes pegar notas en tu escritorio, en la cocina, en el lavabo o en el coche en las que ponga «ah», o fabricarte un brazalete «ah», o renunciar a cualquier recordatorio externo (los cuales, de todas maneras, tienen un efecto limitado) y proponerte simplemente cada día percibir tus pensamientos de manera consciente.

Con este primer paso enciendes la luz de la concienciación y la diriges hacia tus pensamientos. Este paso conduce directamente hacia la libertad interior. Te libera de ser víctima de tus propios pensamientos. Sufres, te enfadas y te torturas y te creas innumerables problemas, porque tomas tus propios pensamientos por la realidad y no por lo que son: pensamientos. Cuando te enfadas porque, de nuevo, con su comportamiento, tu pareja demuestra que no se preocupa mucho por ti, caes en tus propios pensamientos. Quedas bajo la hipnosis de tu propia forma de interpretar las cosas, generalmente heredadas de tu infancia. En primer lugar, te identificas con la idea de que tu pareja se ocupa poco de ti; en segundo lugar, con la idea de que ése es el motivo de su comportamiento; en tercer lugar, con la idea de que ese comportamiento de tu pareja te puede herir y, finalmente, además de todo ello y probablemente de manera inconsciente, es muy probable que te identifiques con la idea de que no vales gran cosa. Por otra parte, también te identificas, asimismo sin ser consciente de ello, con el pensamiento de que sentir que no vales nada es tan malo que no se puede sobrevivir a eso. Por este motivo, te defiendes de ese sentimiento como si costara Dios y ayuda admitirlo.

Suena complicado. Pero es que nosotros somos complicados. Si fuéramos más simples, en un caso así percibiríamos el comportamiento de nuestra pareja como su comportamiento y admitiríamos sin más que debe tener sus motivos para comportarse así. Probablemente, nos interesaría experimentar algo sobre esto y después le preguntaríamos por ello. O tan sólo sentiríamos el dolor que hace que el pensamiento sea vano. Dolería, pero miraríamos al dolor conscientemente y de esta manera también tendría un efecto liberador y al momento habría pasado. Los sentimientos que admitimos se transforman por sí mismos en otros.

Cómo vivimos la verdad, incluso qué realidad vivimos, depende en gran medida de lo que sostenemos como verdad. No obstante, muchas de nuestras convicciones básicas son inconscientes. Así, por ejemplo, un hombre puede conservar inconsciente la convicción de no ser suficientemente bueno. Si su mujer le abandona, pensará que eso ha ocurrido porque no es suficientemente bueno. Es incluso probable que sea consciente de ese pensamiento, pero no lo cuestiona. No sostiene que lo que es en realidad es una convicción originada en su infancia, sino que cree que es la realidad actual. Es probable que sin darse cuenta haya reflejado esa convicción inconsciente en su comportamiento para con su mujer. Por último, todos sus actos y afirmaciones estarán contaminados por la asunción de que no es suficientemente bueno. Quizás, debido a esto, su mujer haya asumido de manera totalmente automática (y también inconsciente) que él no es suficientemente bueno y que debería buscar un hombre mejor. Así pues, su interpretación de la historia puede ser incluso acertada, pero sólo en el sentido de vaticinio alimentado por él mismo.

Por tanto, la manera en que interpretamos los acontecimientos y cómo nos sentimos en consecuencia, depende de nuestras convicciones básicas, de la mayoría de las cuales no somos conscientes. Sin embargo, de algunas sí lo somos, pero no las cuestionamos ya que las consideramos con toda naturalidad como verdaderas. Quizás pueda servirte de ayuda si enumero aquí algunas de las convicciones negativas con las que me he ido encontrando a lo largo de mi trabajo:

- Si una persona amada (o una persona en concreto) me abandonara, no podría soportarlo. O: la vida no vale la pena si esa persona me abandona.
- No merezco ser querido, no valgo nada, soy malo, básicamente culpable, odioso, ridículo, no querido.
- La vida es difícil.
- El trabajo es estresante.
- El mundo es un valle de lágrimas.
- El matrimonio es un infierno.
- Si no te casas o, como mínimo, mantienes una relación estable no estás completo/no vales nada/no eres normal.
- Estar solo es un infierno.
- El sexo es sucio, excepto cuando se purifica con el amor.
- Ser bueno con uno mismo es egoísta.
- No puedo ser feliz.
- No me merezco ser una persona feliz/acomodada/con éxito.
- Si soy rico/tengo éxito, otros tendrán que sufrir/quedar atrás/envidiarme/los otros me odiarán.
- Estar sano, tener dinero y ser guapo es injusto para con los que no lo son.
- Si se quiere tener éxito hay que trabajar duro.
- Es peligroso no ser como los demás.
- Bajo ningún concepto puedo dejarme engullir por la masa, ya que no ser visto es mortal.
- Es humillante ser una mujer.
- Tengo que avergonzarme de mi vientre.

- Aceptar dinero es inmoral.
- Los hombres son locos peligrosos que hay que mantener a raya. (Convicción inconsciente de algunas mujeres).
- A los hombres hay que educarlos.
- Las mujeres recortan mi libertad. O: las mujeres me quieren anular. (Convicción de algunos hombres).
- Las mujeres son tontas/débiles/falsas/peligrosas.
- Amar significa aceptar la muerte y la separación.
- Amar significa dependencia.
- Amar significa sufrir.
- Si me preocupo de mí mismo me abandonarán. Así pues, sólo puedo preocuparme por mí cuando estoy completamente solo y nadie se da cuenta. Cuando hay alguien más conmigo debo preocuparme por él.

¿Reconoces en algunas de estas afirmaciones tus convicciones básicas? ¿O te estimulan estas afirmaciones a descubrir tus propias convicciones? Algunas están en la superficie y salen a la luz con relativamente poco esfuerzo. Escribe algunas de tus convicciones inconscientes o dilas en voz alta y repítelas acompañadas del «ah» o «ah, interesente». «Ah, interesante, pienso que las mujeres son peligrosas». «Ah, interesante, creo evidentemente que soy odiado». O mejor expresado: «Ah, interesante, el pensamiento de que las mujeres son peligrosas. Ah, el pensamiento de que soy odiado. Interesante».

El «ah» surge de la identificación con un pensamiento. Si piensas que prácticamente todos tus problemas derivan del hecho de que valoras e interpretas los acontecimientos, situaciones, relaciones o personas de una determinada manera (y como consecuencia de esa interpretación te sientes de una determinada forma), éste es el paso más importante para la solución de tus problemas. Si buscas la solución del problema de la manera habitual, prueba a obtener esa solución a partir de la realidad creada por tu forma de pensar (que no es la realidad, sino tu fantasía). Hagas lo que hagas para solucionar el problema de esta manera, siempre estarás implicado. Al utilizar el mantra «ah, interesante», abandonas la fe en tus pensamientos que han provocado el problema. Con ello no está todo hecho (más adelante profundizaremos mucho más), pero es el primer paso. Y vale su peso en oro, como comprobarás en cuanto los apliques en un caso concreto.

Por otra parte, además del modo habitual de buscar la solución de un problema, existen también métodos espirituales para la solución de problemas.

Por ejemplo, los métodos de visualización, mediante los cuales se intenta solucionar las ataduras que te ligan a personas o situaciones. Uno imagina la imagen de estas ligaduras y las corta o las quema, o imagina círculos y ochos de luz los cuales sueltan esas ataduras. Todo resulta poco eficaz si me preguntáis mi opinión. Mientras luchas así contra tus ataduras, sigues siendo un prisionero de tus convicciones, aunque lo único que tienes que hacer es salir de ello: «Ah, interesante. Es ese pensamiento en mi cabeza».

Siéntate en el banquillo de tu conciencia, échate hacia atrás, crúzate de brazos y vete diciendo ante todo lo que surge: «Ah, interesante». Te darás cuenta de lo liberador que es cuando lo practiques durante un tiempo. Naturalmente, no lo harás de forma continua, ya que es muy probable que la mayoría de las veces te olvides de hacerlo, pero puedes proponerte hacerlo cada vez que notes que tus pensamientos dan vueltas alrededor de una cosa determinada. O al pasear. O mientras te aseas... Personalmente yo no programo la práctica de este ejercicio, sino que lo incluyo en las actividades y momentos de ocio de mi cotidianidad. Y os aseguro que es la liberación por antonomasia. Simplemente hay que acordarse de él. Uno tiene que caer en ello. «Ah» o «Ah, interesante» ha demostrado ser un recordatorio inmejorable.

Puedes observar tus procesos mentales como si fueras un extraterrestre que se hubiera colado en el cuerpo de un terrícola y observara interesado cómo funciona el razonamiento de ese terrícola. La consecuencia es que despiertas como de una hipnosis. «Ah, eso es lo que he pensado todo el tiempo». Este despertar va más allá del pensamiento positivo y otros métodos similares. «Pensamiento positivo» significa influir sobre los pensamientos. En lugar de identificarte con un pensamiento negativo, te identificas con uno positivo. Sin tener en cuenta que el sentimiento que se esconde bajo el pensamiento negativo no se soluciona, sino simplemente se reprime y más pronto o más tarde te encuentras en el plano en el que te identificas con los pensamientos. Sigues considerando los pensamientos como algo verdadero. Luchas contra ellos e intentas cambiarlos.

En lugar de eso, lo que yo propongo es: *despierta y libérate de tus pensamientos*. Los pensamientos son sólo pensamientos, no son la realidad. Pero en lugar de cambiar tus pensamientos de manera que te ofrezcan una realidad mejor (lo que a la larga es difícil de mantener, mientras sólo reprimas lo «negativo» por algo positivo, ya que lo negativo reprimido domina tu realidad en la misma medida en que lo reprimes), sencillamente da un paso atrás y toma conciencia con interés de tus pensamientos. (También puedes observar con interés tu realidad externa, para descubrir cómo piensas, ya que en gran medida es un reflejo de tus convicciones internas).

Trabajar con afirmaciones positivas (frases que refuerzan algo que se ha descubierto o se cree) es otra cosa. Tomemos por ejemplo el caso de una mujer que es infeliz porque cree que su marido ya no la mira. Leyó un libro sobre el poder de los pensamientos y decide cambiar algo. «Los pensamientos crean realidad», se dice a sí misma, «de manera que pensaré de forma distinta». Lo intenta con el pensamiento: «Me hace feliz que mi marido no me mire», pero le parece poco creíble. Así que se dice a sí misma: «Soy feliz, tanto si mi marido me mira como si no». Presupongamos que la mujer es buena en la autohipnosis: si repite lo mismo día tras día y consigue manipular su realidad interior de tal manera que es feliz incluso aunque su marido no la mire. ¿Desaparecerá así el sentimiento de infelicidad? Sólo habrá desaparecido desde su campo visual. Simplemente ha dejado de percibirlo. La experiencia demuestra que acabará surgiendo por otro lado. En ese caso, acabará siendo infeliz por otra cosa (similar). Si se lo sigue repitiendo una y otra vez, sólo quedará en su percepción la parte física del sentimiento. La vieja infelicidad se expresará en uno u otro síntoma físico, cuando un día fije su atención en él. Hasta donde yo puedo ver, todos los participantes de mis seminarios han intentado con anterioridad deshacerse de sus sentimientos negativos con afirmaciones positivas y técnicas similares con afirmaciones, pensamientos o visualizaciones. Pero los sentimientos no pueden eliminarse. Hay que sentirlos y entonces cambian por sí solos.

Algunas personas dan todavía un paso más e intentan actuar sobre su entorno con métodos mágicos. En este caso, nuestra infeliz esposa no hubiera intentado influir sobre sí misma con pensamientos concentrados, sino sobre su marido, por ejemplo pensando: «Cada día me mira más veces y más tiempo cada vez». Se trata de una burda forma de violencia, porque el afectado no nota nada y no tiene ninguna oportunidad de defenderse. Quizás su conciencia pueda resistirlo, pero tendrá que asumir las consecuencias. Ha robado la libre voluntad de otra persona y de esta manera le ha eximido de su responsabilidad y la ha cargado sobre sus hombros. «Ahora no puedo deshacerme del espíritu que convoqué». Lo menos malo que puede ocurrir cuando tienes éxito con una manipulación de este tipo es que en algún momento acabes harta de que tu marido no pare de mirarte. Lo peor quizás es que cargues con un sentimiento de culpa, que no te deje ser feliz. Conozco gente que necesitó mucho tiempo para expiar una vieja culpa de este tipo, sin caer en la cuenta hasta conseguir establecer la relación.

En el camino que nosotros seguimos ocurre algo distinto. Estás atrapado en el pensamiento: «Soy infeliz porque mi marido ya no me mira». Te dices a ti mismo: «Ah, tengo el pensamiento de que mi marido ya no me mira y el pensamiento de que eso me hace infeliz. Interesante». Y entonces dejas de ser la persona que es infeliz y pasas a ser la persona que percibe los pensamientos de infelicidad. ¿Ves lo liberador que es? Para poder entenderlo realmente, debes aplicarlo en un caso concreto. Sin embargo, no debes cometer el error de considerar tus sentimientos como no válidos siguiendo del lema: «El hecho de que soy infeliz es sólo un pensamiento, de manera que no soy infeliz, ah». El ejercicio consiste en que prestes atención a algo y que lo percibas conscientemente, en lugar de identificarte con ello de manera inconsciente.

Este ejercicio no incluye ningún comentario y ningún tipo de valoración. El objetivo no es que te ayude a distanciarte de tus sentimientos. Y este «ser consciente» no tiene como fin ayudarte a deshacerte de tus sentimientos, sino que debe ayudarte a abrir tu corazón. Con este objetivo, más adelante, utilizarás ese mismo «ah» para ampliar lo que ocurre en tu cuerpo y en tu mundo emocional: «Ah, así es cómo me siento cuando pienso en ello». Esto conllevará cambios revolucionarios, pero por el momento valdrá con que percibas conscientemente tus pensamientos en lugar de sólo pensarlos. De esta manera te liberas de la tiranía de tu forma de pensar. En lugar de verlo todo a través del filtro de tus pensamientos, poco a poco, aprenderás a entrar en contacto directo con la realidad a medida que abres tu corazón.

El segundo paso: respirar

El segundo paso es una profundización del primero. En este capítulo aprenderás a percibir tus sensaciones físicas.

De hecho, cada paso tiene un valor propio y no sólo como elemento de un método. El primer paso –prestar atención a los pensamientos en lugar de simplemente pensarlos– te ofrece el regalo de la libertad interior, ya que con él descubres que no necesitas caer en la trampa de tus pensamientos. Este segundo paso también te hace un regalo de gran valor, aunque no sigas adelante con los pasos siguientes. Es el regalo de la presencia. Con ello quiero decir que con tu conciencia estás allí donde está tu cuerpo y no en otro lugar.

Y el ejercicio es el siguiente. Tan pronto te encuentres en una situación problemática o pienses en una situación así, dite a ti mismo: «Respirar». Con esta palabra clave desvías tu atención hacia tu respiración. Y al mismo tiempo percibes lo que ocurre en tu cuerpo y no en el mundo de los pensamientos.

Un ejemplo: tienes una conversación muy educada con tu jefe, pero en un determinado momento notas que algo no concuerda. Quizás le acabas de dar la razón, aunque en realidad tienes una opinión distinta a la suya, y de pronto te sientes mal. Mientras sigues la conversación, te acuerdas de la palabra clave «respirar» y sientes tu cuerpo. Percibes cómo tu cuerpo reacciona ante la situación. Quizás notes que tus hombros están tensos. Intentas relajarte; simplemente percibes que están tensos. «Ah, mis hombros están tensos». Sientes la respiración, la tensión. Sólo es un paso y no todo el método, pero notarás que ese paso cambia algo en la situación.

Otro ejemplo: notas que tus pensamientos dan vueltas a un suceso y te dices: «Ah, interesante, mis pensamientos dan vueltas a ese suceso». Entonces te acuerdas de «respirar». Diriges tu atención hacia tu cuerpo. Notas tu respiración y percibes las sensaciones de tu cuerpo que acompañan a estos pensamientos. A lo mejor sientes hormigueo en las manos, frunces la frente o sientes dolor en la nuca.

Como en el primer paso, en este caso tampoco se trata de inmiscuirse, sino simplemente de percibir. En este punto prefiero utilizar el término «percibir» que el término «observar». «Observar» implica una cierta distancia, que en el caso de la observación de los pensamientos es útil, mientras que la percepción de las sensaciones corporales debe producirse sin ninguna distancia. No observes los espasmos gástricos desde la distancia de seguridad de la cabeza, mientras que te limitas a constatar: «espasmo de estómago, ah», sino que desvía tu atención hacia el estómago con espasmos. Experimenta durante unos momentos cómo es ser un estómago con espasmos. Si no lo consigues, aumenta un poco los espasmos y durante un rato siente simplemente con toda la atención posible, mientras notas tu respiración. Respirar, sentir los espasmos. Nada más.

Presta atención a la forma en que reacciona tu cuerpo al entrar en una habitación o al encontrarte con una persona. La próxima vez que toques el cuerpo de otra persona o que te toquen a ti, concentra la atención en tu respiración y tus sensaciones. No esperes nada concreto, sino que percibe simplemente lo que sientes.

El mantra para este segundo paso es, pues, «respirar». Al igual que «ah», se trata de una palabra clave fácil de recordar y que te ayuda en las situaciones de la vida a acordarte del ejercicio. «Respirar» desvía tu atención hacia tu respiración, y cuando sientes tu respiración, sientes tu cuerpo. «Respirar» no significa que tengas que respirar más profundamente o de manera distinta a como lo sueles hacer. Simplemente debes desviar tu atención a tu respiración. De esta manera, ésta se hace más profunda y amplia por sí sola, lo que es sano, ya que la mayoría de nosotros tenemos una respiración demasiado superficial. «Respirar» te ayuda a entrar en contacto con tu propio cuerpo, pero también con tus sentimientos. «Respirar» te ayuda a permanecer consciente y concentrado. «Respirar» nos ofrece la posibilidad de recogernos durante unos momentos, antes de reaccionar frente a algo.

Durante un rato practica simplemente esto. Cada mañana proponte: «Pensar en "respirar"». Esto significa también: «Hoy percibiré conscientemente lo que ocurre en mi cuerpo, sobre todo cuando me encuentro en una situación que me parece difícil o importante. «Respirar» es la palabra clave que me lo debe recordar».

Este ejercicio tiene muchas ventajas. Por encima de todo, aporta la bendición de la presencia, y estar presente es mucho más agradable y sano que estar constantemente alejado de la realidad por una cortina de pensamientos. Además, favorece sorprendentes descubrimientos sobre la relación entre el cuerpo y la mente y te aporta muchos datos útiles sobre la relación con lugares, personas y situaciones. Lo que ocurre en tu cuerpo cuando se encuentra en una determinada situación, no tiene sólo que ver con cómo reaccionas ante una situación debido a tu historia personal. En ocasiones, en tu cuerpo se manifiesta también esa sabiduría superior que denominamos instinto. A veces, nuestro estado físico también pone de manifiesto algo sobre el estado interior de la persona con la que establecemos contacto. Pero sobre todo, notarás que cuando, mientras tus pensamientos giran alrededor de un problema, diriges tu atención a lo que ocurre en tu cuerpo, en tu interior crece una sensación de paz. Algo dentro de ti suspira aliviado y dice: «Gracias a Dios, finalmente se preocupa de nuevo por mí». Se trata de aquella parte de tu Yo que sufre y cuyo sufrimiento no habías notado hasta el momento. Por eso se había manifestado una y otra vez físicamente en forma de agarrotamiento, dolor, nudos, tensiones o cualquier otro síntoma. Más adelante, experimentaremos más sobre ello.

Te recomiendo que practiques este ejercicio también durante un breve período de tiempo antes de seguir leyendo. Una vez hayas experimentado con los dos primeros pasos, podrás seguir el texto que sigue con mucha más facilidad.

El tercer paso: sentir

Con el tercer paso despertarás tu conciencia para los sentimientos. Para percibir un sentimiento debemos *reconocerlo, experimentarlo físicamente (notarlo)* y *admitir sentirlo (dejar de defenderse de él)*.

Si no hubiéramos aprendido a reprimir aspectos parciales de nuestra vida interior sería una cosa. Pero, desgraciadamente, eso es lo que hemos aprendido. De manera que debemos recuperar paso a paso lo que hemos perdido. Reconocerás la presencia de una emoción en que:

- tus pensamientos dan vueltas constantemente a un suceso,
- tienes un problema con algo o con alguien,
- estás tenso,
- sientes dolor, tienes síntomas físicos relevantes o
- sufres una enfermedad,
- los otros suelen reaccionar ante ti con rabia, rechazo u otras emociones incomprensibles.

Esto implica que tienes tres posibilidades para detectar una emoción: en tus *pensamientos*, en tu *cuerpo* o en tu *entorno*.

Cuando tus pensamientos se cierran sobre una emoción: Cuando observas tus pensamientos en lugar de sólo pensar, rápidamente reconoces qué pensamientos representan emociones, dan vueltas alrededor de sentimientos o esconden, disimulan, justifican o aclaran sentimientos. Recuerda entonces el mantra «ah» y dite a ti mismo: «Interesante. Así que pienso que… ¿Cómo se siente algo así? ¿Puedo sentirlo en lugar de sólo pensarlo? ¿Qué produce en mi cuerpo? Ah, mis hombros se agarrotan. ¿Cómo me siento con los hombros agarrotados? ¿Con miedo? Recuerda «respirar». Percibe tu respiración y siente el miedo en tus hombros agarrotados.

Cuando tu cuerpo se expresa mediante un síntoma: Pongamos por caso que tienes dolor de estómago. En lugar de echar mano de una pastilla o de la bolsa de agua caliente, decides preocuparte directamente (es decir, sin utilizar un método intermediario) de tu estómago. Así pues, te sientas o te acuestas, respiras y sientes. Implica todo lo que puedas tu presencia en tu dolorido estómago. Obséquiale con tu dedicación pura. Con el término «pura» quiero referirme a sin interferencias. Simplemente dedícate a tu estómago, obséquiale con tu presencia, tu respiración, tu atención. Si lo haces, pasado un rato, descubrirás lo que en realidad te duele tanto en el estómago. Quizás es un pesar. Quizás son preocupaciones. Quizás es rabia. Lo notarás cuando prestes atención y dedicación a tu estómago –no queriendo descubrir violentamente lo que se esconde detrás de tu dolor de estómago–. Cuando estás presente con amor y paciencia allí donde duele, de pronto reconoces en el dolor de estómago tu propio dolor.

Cuando tu entorno es una locura: Supongamos que una y otra vez, personas que aprecias se apartan o huyen de ti. No lo entiendes. No entiendes el mundo. Un día te das cuenta de que tienes un problema. Da marcha atrás. Piensa en una situación de este tipo. Una de las que te han marcado de forma especial o simplemente la última que has sufrido. Entonces, dirige tu atención hacia tu cuerpo. ¿Cómo reacciona tu cuerpo ante el recuerdo? Respirar, observar. Frunces el ceño, el tronco se encoge... ¿Cómo lo sientes? ¿Cómo te sientes en esa postura, con el ceño fruncido y el tronco encogido? ¿Con ganas de llorar? ¿Miserable? ¿Triste? Respirar, sentir, conocer.

Ahora has descubierto un sentimiento del que antes no eras consciente o no correctamente. Lo has sentido física y mentalmente. Ahora sólo te queda admitir el sentirlo. Puede sonar como una repetición sin sentido cuando te animo primero a sentir una emoción y después a admitirla. Sin embargo, la experiencia me ha enseñado que el pensamiento de «admitir» soluciona todavía algo más que simplemente reconocer y sentir. Admitir es una especie de rendición. Se deja de defenderse frente al sentimiento. Esta aceptación sólo es posible en combinación con la concienciación. Uno debe deshacerse de la identificación con el sentimiento, y esto se consigue con el «ah». «Ah, interesante. Esto es la tristeza. ¿Qué se siente? ¿Puedo admitirla?». Respirar, sentir, admitir. Mientras admites sentirte así, permaneces conscientemente perceptivo. En este caso, observar no es mirar como en el caso de los pensamientos, sino un «sentir». Se siente la emoción conscientemente y sin defenderse. Esto es lo que significa admitir. El mantra para este tercer paso reza: «Respirar, sentir, aceptar».

Una emoción o un sentimiento es la manera en que nos sentimos y se basa en cómo interpretamos una situación.

Nos sentimos de una manera determinada porque también interpretamos las cosas de una manera determinada. En el primer paso nos hemos liberado de la identificación con nuestros pensamientos, lo que quizás tiene como consecuencia que algunos sentimientos ya no surjan de nuevo en nuestro interior porque hemos dejado de tener tanta fe en nuestra propia interpretación de los acontecimientos. Sin embargo, otros sentimientos seguirán apareciendo siempre, sin importar lo que creamos o no, sólo porque nos remiten a heridas emocionales profundas que quieren ser descubiertas.

Para seguir con el mismo ejemplo, si dentro de mí me siento no amada, interpretaré automáticamente todos los acontecimientos y manifestaciones relativos a mis relaciones según ese prejuicio. Mucho de lo que mi pareja haga o diga me hará daño, porque parto siempre de la base de que dice o hace eso porque no me quiere. Cuando sostiene mi mano, por un momento tengo la impresión de ser amada, pero en cuanto la suelta vuelvo a caer en mi estado natural y dejo de sentirme amada. Cuanto menos conscientes somos de un pensamiento o un sentimiento, tanto mayor será el dominio que tenga sobre nosotros. En cuanto empezamos a percibir conscientemente un pensamiento o un sentimiento, aumentan nuestras posibilidades de que ese pensamiento o ese sentimiento no sean la realidad, sino sólo una forma de pensar o sentir.

«Conocer» es también una palabra clave útil para este ejercicio. Si descubres que en tus pensamientos hay rabia, dite a ti mismo: «Ah, interesante. Aquí hay rabia. Respirar, conocer». ¿Cómo se siente la rabia? Si quieres conocer tu rabia, debes observar lo que ocurre en tu cuerpo mientras tienes pensamientos de rabia, y debes vivir conscientemente este estado físico (respirar, sentir). Como ya hemos dicho, no se trata sólo de constatar con el pensamiento «espasmos de estómago, puños apretados, ah», sino de que dediques toda tu atención a tu estómago espasmódico y a tus puños apretados, de que te sientas tan en tensión como esas partes de tu cuerpo. De esta manera conocerás tu rabia. Si además respiras conscientemente, conseguirás no dejarte llevar por la rabia. En otras palabras, conseguirás no perder el control llevado por la rabia.

Reconocerás qué ha ocurrido en el hecho de verte envuelto de nuevo de pensamientos llenos de rabia, con los que te identificas. Cuando veas que estas pensando «vaya idiota» o algo parecido, sabrás que has perdido el control y que has dejado que tu rabia te haya vencido. Bajo ningún concepto debes reprimir o acabar con esos pensamientos. Simplemente debes encender de nuevo tu conciencia. Intenta conocer con interés esos pensamientos («ah») y siente tu respiración y la tensión de tu cuerpo. Quédate en medio de tu tensión y experiméntala con atención. Exagérala incluso un poco. De esta manera podrás sentirla más claramente. También puedes intensificar tu respiración para conocer la sensación por completo. No debes temer que la emoción te embargue. La respiración sólo ayuda a sentir plenamente el sentimiento que de todas maneras existe.

Sea cual sea el sentimiento que deseas descubrir, no debes intentar cambiarlo ni curarlo. Si a pesar de todo lo haces, tu conciencia vuelve a dormirse y de nuevo te identificas con un pensamiento, de hecho con el pensamiento de que se trata de un sentimiento feo o que hay que cambiar. Así, por ejemplo, si durante el ejercicio descubres un sentimiento de culpa, es completamente normal que surja el deseo de liberarse de ese sentimiento de culpa, la necesidad del perdón. No caigas en ello. No te identifiques con ese deseo. Dite a ti mismo: «Ah, ahora surge la necesidad de ser perdonado. ¿Cómo lo sientes? ¿Puedo asumir también este anhelo?». Deja cada sentimiento tal y como es. Conócelo tal y como es, acéptalo, siéntelo. Mantente despierto ante cualquier nuevo sentimiento que surja. No permitas que reprima el sentimiento anterior, de la misma manera que la necesidad de perdón reprime el sentimiento de culpa. Valora el sentimiento de culpa tal y como es y valora la necesidad de perdón tal y como es. Otro ejemplo: conoce tu miedo tal y como es y conoce también tu confianza que existe junto al miedo. Deja que cada sentimiento exista en sí mismo. No mates, reprimas, superpongas o cambies ningún sentimiento con o por otro. Probablemente, éste es el punto más importante de todo el trabajo. Si no lo tienes en cuenta, el trabajo pierde el sentido y tu vida interior volverá a estar dividida en partes que sientes y partes que no quieres sentir. Entonces todo vuelve a empezar: las partes que no quieres sentir sufren y luchan por tu atención, mientras creas situaciones en las que simplemente no puedes pasarlas por alto.

Pero no has hecho nada de eso. Has permanecido despierto. Has descubierto tu sentimiento, lo has sentido y lo has aceptado. Ahora estás en el buen camino para abrir tu corazón. Sólo falta una nadería. Tu corazón debe ser empujado a abrirse a ese sentimiento. Debes buscar un impulso en el centro emocional de tu ser que haga que acojas ese sentimiento en tu interior. Con los años se ha descubierto que existen palabras que pueden provocar ese movimiento del corazón. Yo las denomino las «llaves mágicas del corazón».

Pero antes de nombrar estas llaves y profundizar más en el tema, te invito a prepararte para la entrada en las esfera del corazón. Se trata de un mundo distinto al que normalmente nos movemos y precisa una determinada disposición para entrar en él. La lectura del próximo capítulo te facilitará esa disposición.

La esfera del corazón

Cuando se entra en la esfera del corazón, se deja de ser la persona que se era fuera de esa esfera. Sería un poco como si entráramos en un templo y nos dejáramos tocar y purificar por la atmósfera de santidad, paz y belleza. Uno se despoja de su Ego, todo aquello que se pretendía ser. En el corazón habita la verdad pura. Uno está preparado para abrirse, para mostrarse.

De la misma manera que un templo o una iglesia —en todo caso en una situación ideal— da cobijo a todo el mundo y ofrece una atmósfera en el que la persona es bienvenida y respetada, el corazón también da la bienvenida a todo aquello que penetra en su esfera. No porque sea muy educado o porque se tome la molestia, sino porque es su naturaleza. En la esfera del corazón no existe ninguna división entre el «yo» y el «tú», «mío» o «tuyo». Cuando abrimos nuestro corazón a otra persona, sentimos sus necesidades y alegrías como nuestras, y por eso la entendemos, la respetamos y la compadecemos. Sin embargo, no se produce ningún malentendido. Aunque pueda sentir tus sentimientos en mi corazón, sé perfectamente que son tus sentimientos y no los míos. Si aun así se produce alguna confusión, es decir, si considero como míos unos sentimientos que vistos a la luz no me corresponden en absoluto, entonces es que mi corazón no está abierto, sino que por motivos psicológicos me he implicado en las emociones del otro o que inconscientemente intento liberarle de parte de su carga.

¿Cómo se puede encontrar el camino hacia esa experiencia sanadora del corazón abierto? ¿Cómo podemos encontrar nuestro corazón? Ésta es una pregunta que me plantean con frecuencia. A algunos les parecerá no tener sentido, pero es todo lo contrario. Nos hemos habituado tanto a vivir una vida sin participación del corazón, una vida controlada supuestamente por la razón, pero en realidad controlada por nuestros miedos, que la mayoría de nosotros no tiene ni idea de dónde encontrar el corazón de su ser y cómo saber si lo hemos encontrado. A mí me pasaba lo mismo.

Los muros que hemos erigido alrededor de nuestro corazón son gruesos. Están formados por nuestro miedo enquistado (por no haber sido sentido) ante nuestro dolor más profundo, por todo aquello que hemos antepuesto a ese miedo para no tener que sentirlo y de aquello que nuevamente hemos antepuesto, capa a capa.

Cada muro de protección del corazón tiene algo parecido a un talón de Aquiles, un punto débil. La vida es evidentemente buena con nosotros, porque nos pilla una y otra vez en ese punto débil. Se trata de un punto en el que el muro es permeable y allí podemos sentir dolor, amor o anhelo. En los protagonistas de las películas o las novelas, este punto débil es el amor por una mujer o por los hijos. ¿Cuál es tu punto débil? ¿Qué llega especialmente a tu corazón, qué hace que se derrita? En algunos es el contacto con niños pequeños o animales, o el amor por una determinada persona, para otros la belleza de la naturaleza, el canto de los pájaros, el aroma de una flor, el mágico momento de la puesta de sol, el alba, el cielo estrellado… Una pieza de música de Bach, Beethoven o Brahms… No una música que ponga en solfa las emociones o despierte recuerdos del pasado, sino una música que recuerde la belleza, la verdad y el amor.

Todo aquello que llega especialmente a tu corazón es apropiado para restablecer el contacto con él. Es posible que conozcas a una persona cuya mirada te dispare el corazón. Entonces piensa en esa persona para abrir tu corazón. Quizás hay un maestro o un santo al que aprecias y respetas especialmente, un ser con el corazón abierto lleno de amor y belleza. Piensa en ese ser, deja que te toque, te inspire, te transforme. Imagina que él o ella te mira con ojos que ven hasta el fondo de tu corazón y que todo comprenden. O transfórmate en ese ser. Imagina que eres él o ella. ¿Qué se siente al tener un corazón lleno de amor?

Busca el contacto con personas que tienen el corazón abierto. Lee historias sobre personas con corazón. Escribe un diario en el que dejes hablar a tu corazón. Dale voz a tu corazón cantando. Pregunta a tu corazón qué es lo que desea, qué ansía, que le proporciona felicidad. Pregunta a tu corazón qué es lo que más le hace sufrir.

Presta también unos instantes de atención a tu corazón físico. Deja descansar tu mano sobre el corazón y siente sus latidos. Presta atención de vez en cuando a tu chakra del corazón, al centro energético del corazón. Coloca tu mano en el centro del pecho y respira. Presta atención a cómo te sientes y qué pensamientos surgen. Conecta tu corazón con tu vientre, colocando tu mano izquierda sobre el centro del corazón y la derecha sobre el vientre. O al revés, dependiendo de lo que sientas que es más correcto. Conecta el corazón con partes de tu cuerpo que sufren dolor, agarrotamiento, inflamación o enfermedad, colocando una mano sobre el corazón y la otra sobre la zona del cuerpo afectada. Conecta tu corazón con tu cabeza, colocando una mano sobre el corazón y la otra sobre la frente o el occipucio. Conecta tu corazón con tus manos, colocando primero ambas manos sobre el centro del corazón durante un rato y después, arrastrando una mano sobre la parte interna del otro brazo hacia abajo, hasta la mano.

Respira con el corazón. Escucha con el corazón. Siente tu centro del corazón mientras hablas con una persona. Cuando sigues una conversación importante o escuchas a una persona amada que te cuenta lo que le aflige, establece una conexión entre tu corazón y el suyo. Practica el escuchar con el corazón en lugar de con la cabeza. Practica dejar que hable tu corazón.

Todo ello constituyen caminos para restablecer el contacto con tu corazón. Quizás, estas propuestas te animen a descubrir tu propio camino hacia el corazón. Si quieres experimentar más sobre el corazón o deseas una lectura que te llegue al corazón, te recomiendo mi libro *La voz del corazón (Die Stimme des Herzens)*.

La llave mágica del corazón

Anteriormente he intentado describir esa parte de nuestro ser que corresponde a lo que uno imagina bajo el concepto cielo. En todo momento puede descubrirse y activarse ese cielo abriendo el corazón. Es posible que recuerdes que te he descrito un lugar en el que todo el mundo puede ser como es en realidad y es respetado tal y como es él y donde experimenta comprensión, empatía y compasión por todo aquello que siente y sufre. Precisamente ésas son las llaves mágicas del corazón. Describen la capacidad natural de nuestro corazón: aceptar y reconocer todo tal y como es, acoger cualquier sentimiento, entenderlo y respetarlo todo. Eso es lo que hace por sí solo el corazón para entrar en contacto con un sentimiento (propio o ajeno). No puede hacerlo de otra manera. Ya que al abrirse y al sentir, acoge aquello que siente y lo comprende y respeta.

Al abrirse, el corazón dice de acuerdo con un sentimiento (ajeno o propio):

- reconozco tu presencia (reconocimiento).
- Al reconocerlo acepto que estás aquí y que eres como eres (autorización).

- Te siento (compasión, empatía).
- Al sentirte te reconozco (comprensión).
- Y como te siento y te reconozco, te respeto (respeto).

Éstas son las llaves mágicas del corazón: reconocimiento, autorización, empatía, compasión, comprensión y respeto. Para encontrar la adecuada debe procederse igual que con una cerradura real e ir probando una tras otra. Cuando se mete la llave correcta en la cerradura puede abrirse la puerta. En otras palabras, mientras sientes una emoción (es decir, no sólo la notas sino que también la sientes físicamente y la aceptas), pregúntate qué precisa de tu corazón para ser liberada de su destierro: ¿reconocimiento?, ¿autorización?, ¿comprensión?, ¿compasión?, ¿empatía?, ¿respeto? Una de estas palabras disparará un impulso en tu corazón. Entonces, notarás que se abre y acoge el sentimiento.

Cuando has encontrado la correcta lo sientes. Si se trata de la palabra «autorización», significa que se señala el sentimiento correspondiente y se le da permiso para estar ahí (en lugar de prohibirlo como hasta el momento). La reacción es de alivio y respirar. Lo mismo ocurre con la palabra «reconocimiento». Significa reconocer un sentimiento que hasta el momento siempre se había negado. En lo que se refiere a la «comprensión», pensada o dicha en el momento adecuado puede estimular esa comprensión emocional del corazón. La reacción es con frecuencia las lágrimas de alivio. ¿Y la «compasión»? Compadecerse de un sentimiento o una persona en apuros significa no dejarlos solos, sino dirigirse a ellos y empatizar. Algunas personas no pueden empezar con la palabra «compasión». Si eres una de ellas, inténtalo con la palabra «empatía». La «empatía» es eficaz cuando la parte correspondiente de ti mismo ansía sobre todo que alguien (tú mismo) esté y sienta con ella. «Respeto»: algunos sentimientos, sobre todo aquellos que anteriormente han sufrido el desprecio, necesitan respeto. Este respeto surge solo en cuanto nos damos cuenta de que es lo que esa parte de nosotros necesita. Aparece al sentir el sentimiento (es decir, al abrir el corazón). De la misma manera que la comprensión o el amor, el respeto del corazón no necesita ningún motivo. Se respeta un sentimiento porque está ahí.

Cuando pruebes estas llaves en la puerta de tu corazón, debes tener realmente el sentimiento por el que pides la acogida. Debes estar en contacto con él. Sólo pensando no funciona. Así pues, debes sentir la emoción. Y entonces debes pensar qué es lo que necesita de ti. ¿Reconocimiento? ¿Autorización? ¿Compasión? ¿Empatía? ¿Respeto?

Si ninguna de estas palabras funciona, puedes probar con la simple palabra «aceptación». En algunas ocasiones funciona. O «aprecio».

Prácticamente nunca utilizo la palabra «amor» como llave del corazón. Esto se debe a que «amor» tiene algunos significados secundarios que pueden obstaculizar la apertura del corazón. Alguien quiere abrir el corazón a su odio y piensa que la palabra mágica adecuada es «amor». «El odio», se dice, «necesita sobre todo amor». Pero lo que ocurre al intentarlo es que el odio es nuevamente reprimido. Sin darse cuenta, esa persona presupone en realidad que su odio, mediante el tratamiento con «amor», se transformará en algo adorable y agradable. Su presentación del amor es equivalente a una negativa.

No obstante, se trata del amor. Las «llaves mágicas» son descripciones del amor. Pero este amor es incondicional, neutral y libre de emoción. Permite que todo sea como es, lo valora, lo reconoce, lo respeta, lo comprende y lo siente tal y como es, por ningún motivo más que porque existe. Si es eso lo que entiendes por el término «amor», la palabra puede ayudarte a abrir tu corazón.

Advertencia sobre falsas
llaves del corazón

Algunas personas lo intentan con llaves falsas. Piensan que con ellas podrán abrir la puerta de su corazón, pero en realidad sólo hacen que cerrarla más para el sentimiento que acaban de descubrir en su interior. Las verdaderas llaves del corazón son aquellas palabras que describen con exactitud lo que ocurre cuando el corazón se abre a un sentimiento (propio o ajeno). Es un estímulo para la compasión, la empatía, la comprensión, el respeto, tal y como lo he descrito con anterioridad. Abrir tu corazón a un sentimiento no significa nada más que asumir que ese sentimiento vive en nuestro interior (en lugar de querer mantenerlo lejos de nosotros).

En algunas personas, en este punto, en el umbral del corazón, surgen ideas que suenan bien pero que tienen un efecto contrario. Pongamos un ejemplo: alguien acaba de descubrir su miedo. Al preguntarse: «¿Qué necesita este miedo de mi corazón?», en su cabeza surge la palabra «confianza» o «dejar ir» o «valor». Podría ser cierto que existe un deseo de confianza o de más valor o un anhelo de poder dejarse ir. Pero se trata de un nuevo sentimiento que, como el miedo, también debe ser valorado conscientemente y sin identificarse con él. Sin embargo, el miedo no necesita un antídoto sino aceptación. La parte que tiene miedo desearía que alguien (uno mismo) estuviera y empatizara con ella. No quiere estar sola con su penuria, ni ser incomprendida o despreciada. Necesita que la comprendan y la respeten.

Otro ejemplo: acabas de descubrir tus celos. Los has sentido conscientemente, los has asumido y te preguntas cómo puedes abrir tu corazón para ellos. ¿Qué necesitan? Cuando una voz interior dice «más generosidad» o algo similar, no caigas en la trampa, sino que reconócela como la voz de otra parte de tu mente. La parte que ya ha sufrido lo suficiente por el dolor de los celos ciertamente no necesita que la inflijas todavía más dolor diciéndole: «Tienes que ser más generosa». Esto es rechazar tu sentimiento, incomprensión, falta de respeto, falta de amor y provoca el doble de sufrimiento. La parte celosa necesita compasión. Necesita respeto, empatía, comprensión o, en todo caso, algún tipo de aceptación. En cuanto sientas qué es lo que necesita realmente, se abrirá tu corazón.

Así pues, cuando a la pregunta de qué es lo que un sentimiento necesita de tu corazón surgen palabras que describen un antídoto, debes darte cuenta de que no es el corazón que está manifestando su predisposición a abrirse al sentimiento negativo, sino que es otra parte de tu mente la que está intentando reprimir ese sentimiento. No lo permitas. Valora cada uno por sí mismo y dale a cada uno un lugar en tu corazón. Para ello, utiliza las llaves mágicas o las palabras de significado similar que te vengan a la cabeza cuando realices el ejercicio.

El ejercicio completo

Si me has seguido hasta ahora, has aprendido a,

- no identificarte con los contenidos de tu conciencia, sino a observarlos. Así, si en el curso del ejercicio que realizarás ahora, surgen pensamientos o sentimientos, estarás en disposición de reconocerlos como tales y decir «ah», en lugar de dejarte vencer por ellos. (De no ser así, practica el primer paso).
- Percibir conscientemente un agarrotamiento, un dolor o cualquier otro síntoma físico, no tan sólo reconociéndolo y nombrándolo, sino también sintiéndolo y percibiendo al mismo tiempo tu respiración.
- Reconocer una emoción sintiéndola profundamente en una sensación física existente y aceptar de forma consciente esta emoción, en lugar de dejarse dominar o vencer inconscientemente por ella («respirar, aceptar»).
- Establecer contacto con tu corazón.

Una vez hayas leído este capítulo, podrás probar el ejercicio completo del trabajo del corazón concentrado en el cuerpo. Cuando hayas realizado el ejercicio algunas veces, con tanto lujo de detalles como se describe aquí, podrás integrar la esencia de este ejercicio o bien elementos aislados del mismo en tu vida cotidiana, sin tener que dedicar tu tiempo en cada ocasión.

Te recomiendo que para el primer intento dispongas como mínimo de media hora, durante la cual nadie te moleste.

En primer lugar elige el problema que deseas contemplar. Debe ser algo que en ese momento te preocupe mucho. Quizás se trata de un pequeño incidente que te ha causado rabia y que no has resuelto, a pesar de que lo consideras relativamente poco importante. Pero también puede ser un enorme problema vital con el que lidias desde hace tiempo. Lo mejor es que realices un ejercicio de breve introspección y que elijas el primer tema que surja. Parto de la base de que habrá surgido en primer lugar por una buena razón.

Seguidamente, formula tu propósito. Se trata de ti mismo, incluidos todos los planos interceptados del subconsciente y el supraconsciente. (Déjalo correr si dispones de poco tiempo.) Ésta es mi formulación para la aclaración de un propósito así:

Me gustaría contemplar mi problema para encontrar las partes de mí mismo que se ocultan detrás. Todas las que surjan serán bienvenidas. Me gustaría conocerlas y comprenderlas, de manera que pudiera abrirles mi corazón.

Ahora empieza el verdadero ejercicio.

① Cierra los ojos y piensa en tu problema. Deja que el tema cobre vida y esté presente, pensando en incidentes concretos o en un suceso concreto, durante el que se manifestó el problema. Naturalmente, también puede tratarse de una persona. Recuerda. Haz que el tema despierte en tu conciencia.

② Siente tu respiración y percibe tu cuerpo. ¿Cómo reacciona tu cuerpo ante esas imágenes y pensamientos? ¿Dónde ocurre algo (un agarrotamiento que se hace presente, un dolor, pinchazo, escozor, temblor, frío, calor, entumecimiento, taquicardia, somnolencia, etc.)? Incluye todas las regiones de tu cuerpo, también la cara y la cabeza, los pies, la superficie y el interior. Dirige tu atención a aquella zona en la que percibes algo especial. Nota la respiración. Siente y respira en la zona corporal implicada. De esta manera, regálale tu dedicación completa e inmediata. Respirar, sentir, estar presente. Eso es todo. No cambias nada. Conoce el estado de esa parte de tu cuerpo que también forma parte de ti.

③ Si mantienes tu atención y, sintiendo la respiración, permaneces en esa parte de tu cuerpo, quizás sientas que el estado de tensión y dolor no afecta sólo a esa parte, sino que es tu propio estado. Es tu propio dolor, tu propia tensión. Tu somnolencia o entumecimiento que se manifiestan en esa zona. ¿Así pues, si mantienes toda tu atención y la respiración consciente en esa parte de tu cuerpo y te queda claro que su estado es el tuyo propio, te darás cuenta que ese estado es una emoción, un sentimiento? ¿Y cómo se llama ese sentimiento? ¿Miedo? ¿Angustia? ¿Debilidad? ¿Resignación? ¿Tristeza? ¿Amargura? ¿Rabia? ¿Ira? ¿Preocupación? ¿Pena? ¿Frialdad? ¿Acaloramiento? ¿Confusión? No empieces a rumiar qué sentimiento podría esconderse ahí, sino que siente y respira y reconócelo mediante una atención exclusiva. «Ah, es miedo». Respirar, aceptar. ¿Puedes aceptar sentirte tal y como se siente esa parte? ¿Sin resistencia? Respirar, sentir, dejar que el sentimiento esté presente y estar ahí para él.

④ Finalmente, ha llegado el momento de poner en marcha el corazón. Mientras estás en contacto con tu emoción, pregúntate qué es lo que necesita de tu corazón. ¿Qué necesita esa parte de ti de tu corazón, para sentirse bien y liberada? Prueba las útiles palabras clave: reconocimiento, autorización, empatía, compasión, comprensión, respeto. ¿O de qué otra manera puedes abrir tu corazón a ese sentimiento? Invierte tanto tiempo como quieras en el contacto de tu corazón con esa parte de tu ser que has vuelto a traer a casa. También puedes preguntar a esa parte qué es lo que necesita de ti en esa situación concreta de la que proviene. (Pero cuidado: no utilices ningún antídoto. Si estás realmente en contacto con esa parte de tu mente, siempre contestará algo como: «Me gustaría que me prestaras atención», «… que no me dejases sola», «… que me tendieras la mano», etc.) También puedes hablar con ella. Puedes rezar por ella. Todo lo que en ese momento surja en tu interior estará bien.

⑤ Antes de abrir de nuevo los ojos y acabar el ejercicio, registra bien el sentimiento o sentimientos que has descubierto y lo que éstos quieren de ti.

⑥ Coge aire, suéltalo y abre los ojos.

⑦ Nombra la emoción de la que se trataba («miedo de la violencia», «rabia por la represión», «sensación de ser rechazado»). Anota una designación que te ayude a recordar ese sentimiento. Los días siguientes, echa de tanto en tanto un vistazo a esa nota para recordar que quieres mantener a la vista ese sentimiento. Dentro de dos capítulos, nos ocuparemos más detalladamente de ese «seguimiento».

Si quieres profundizar más en este ejercicio o deseas unas directrices más precisas, lee mi libro *El tao del corazón (Das Tao des Herzens)*. En él se incluyen todas las preguntas y dificultades que pueden surgir respecto a este ejercicio.

De mi diario

Crisis histérica

Un amigo me pidió que hiciera un trabajo para él, algo relacionado con el ordenador e internet. Él no había sido capaz, era demasiado complicado, y creía que sería más fácil si lo hacía yo. En eso tenía razón, pero en ningún caso me venía bien. Yo misma tenía muchas cosas que hacer. Pero él tenía razón, yo lo podía hacer mejor. Así pues, me puse manos a la obra. Al parecer salió mal todo lo que podía salir mal. Primero, el ratón se puso en huelga, después la impresora y finalmente yo misma. Sufrí algo que inmediatamente identifiqué como una crisis nerviosa. Desconecté el maldito aparato, arranqué el enchufe del teléfono de la pared y me puse a llorar. En realidad me hubiera gustado salir al aire libre. Fuera había lucido el sol, el cual hacía siglos que no veía. Pero ahora había dejado de brillar. El día entero se había arruinado. Maldición, maldición. Menudo día.

Entonces noté cómo la rabia me iba invadiendo. ¿Conoces esa rabia que hace que tengas ganas que romper, destrozar o despedazar algo? Especialmente la cara de la persona que tiene la culpa de todo, pero, como es lógico, no lo hacemos, en primer lugar porque no está ahí, en segundo lugar porque en realidad le tienes aprecio y en tercer lugar porque esas cosas no se hacen. Notaba que mi rabia se estaba saliendo de madre. Se extendía como una especie de histeria. El barullo de sentimientos era tan intenso que no sabía por dónde empezar a tomar conciencia y preocuparme. «Respirar», pensé. Sentir la respiración. No es tan fácil cuando estás en medio de un ataque de histeria. La respiración es entrecortada. Me resultaba difícil no empezar a tirar los objetos que tenía a mi alrededor en lugar de sentarme, sentir toda esa rabia y respirar. Entre la rabia había mezclada pena, odio, resignación y amargura. Hacía rato que me había dado cuenta de que se trataba de algo antiguo. Los actuales sentimientos provocados por los sucesos con el ordenador eran sólo la punta del iceberg. De alguna manera, todo me resultaba familiar, pero mi capacidad de razonamiento estaba fuera de juego debido a la histeria. Me animé al recordar que existe un Yo superior no implicado en el suceso. Le pedí ayuda. Sí, poco a poco, regresaba la conciencia y la relajación. Las emociones seguían estando ahí, todavía en el límite del dolor, pero ahora también había una instancia que lo observaba todo con una presunción, una intención llena de amor, de preocuparse por mis partes rabiosas y que sufren. Algo así como una madre que entra en la habitación infantil porque ha oído gritos y encuentra a sus hijos en medio de una desordenada y ruidosa algarabía. ¿Quién grita más fuerte? ¿Quién necesita ayuda más urgentemente? Podría pensarse que es la parte que está rabiosa, pero la rabia parece haberse volatilizado un poco, pero de ninguna manera parece haberse volatilizado del todo.

Pero no estaba dispuesta ha dejarlo simplemente ahí. Primero quería abrir mi corazón. Pero ¿para quién, si todos los sentimientos se han reprimido y ya no queda ninguno?

¿Realmente no queda ninguno? Observé mi cuerpo. Los hombros y los brazos colgaban inertes. Notaba la cara crispada. Detrás estaba muy oscuro. Al entrar en ese estado con concentración sentí pena y resignación y la sensación de ser una víctima, sin poder oponerme y teniendo que someterme. Entonces surgió compasión por ese sentimiento dentro de mí y me di cuenta de lo que esa parte víctima necesitaba urgentemente. En último extremo lo que quería era respeto, poder existir, dejar de ser ignorada y no seguir siendo despreciada y combatida (cosa que había estado haciendo sin saberlo). Haciéndolo todo mejoró. El alivio y la paz crecieron en mi interior.

Pero sabía que eso no era todo. Detrás existía algo más profundo. Por un momento me plateé la pregunta de qué podría ser. ¿Cómo debería sentirme si suprimiera todas mis reacciones, si no me pusiera rabiosa ni huyera a refugiarme en la resignación, si tuviera que dejar caer aquello que despertó en mí la rabia (de todas maneras ya lo hice), sin defenderme con todas esas reacciones emocionales contra el dolor que esto me provoca? ¿Qué ocurriría? Bueno, entonces debería sentirme como alguien al que puede manejarse de tal manera... al que se le pueden dar trabajos desagradables... al que se le impone aunque no le guste... que no se puede defender... ¿Cómo se debe sentir alguien así? Desdichado, supuse (busco e intento reconocer el sentimiento). Humillado. Lo intuía pero no conseguía sentirlo correctamente. Aunque esto era suficiente por el momento. Lo importante era que había acogido en mi corazón el sentimiento más elevado: el sentimiento de pena y resignación. Qué bien poderlo admitir. Qué bien no luchar más contra ello. De alguna manera, ahora me sentía agotada por la crisis emocional, pero mucho más en contacto conmigo misma, más abierta, más completa que antes.

Llamé a mi amigo. Le dije que me sentía sobrepasada y que se las arreglase solo. Él lo entendió. Ningún problema. Me sentí muy contenta.

Ser una traidora

En esa época todo tipo de emociones me robaban el sueño, un guirigay de tal magnitud, que no sabía con exactitud de qué debería ocuparme en primer lugar. El sentimiento más importante, lo supe al oírme hablar y pensar, era el sentimiento de ser una traidora y al creer mis pensamientos y palabras éstos me provocaban sufrimiento. Pero no sentía ese dolor. Ni idea de dónde se escondía. Esa mañana me dispuse a meditar, realicé mi primera «visita matutina» a mí misma y observé cómo me iba. Algo en mi espalda me dolía mucho. Ya lo había sentido por la noche. No sabía con exactitud dónde se localizaba, pero de alguna manera sospechaba que estaba en el riñón izquierdo. Prestando atención intenté adentrarme en la zona dolorosa y descubrir qué es lo que me dolía. No lo conseguí. Bien. Recordé: no intentar descubrir nada, sólo prestar atención. Así pues, respirar, poner la mano encima, sencillamente estar presente tanto como pueda en esa zona.

Mientras lo hacía, los pensamientos fluían en mi cabeza, entonces eché un vistazo. Quizás se escondía alguna información. Y de hecho, de pronto surgió un pensamiento que desencadenó una marea de emociones. El pensamiento era que es horrible sentirme como una traidora. Ah. Interesante. Concordaba perfectamente con el hecho de que el dolor se localizara detrás (es como una clave que un dolor relacionado con la traición se localice detrás). Así pues, presté más atención a ese pensamiento.

Tuve la sensación de que estaba en una situación sin salida. De cualquier forma que lo considerara, siempre era una traidora. De alguna forma me resultaba familiar. Así pues, debía sentir la sensación de falta de salida. Respirar. Aceptar. El simple hecho de aceptarlo me hizo bien. Seguidamente, apareció el pensamiento de que lo sentía por mi «víctima» y que lo podría haber evitado. Ah, sentir el arrepentimiento, aceptarlo. Seguía el dolor en el riñón. Profundicé más con mi atención. Entonces, se me saltaron las lágrimas y el horrible y amargo dolor de la traición penetró en mi conciencia. Lloré y lloré, al tiempo que observaba. Aceptar, aceptar, pensar de nuevo en la respiración... Al preguntarme si quizás ese dolor necesitaba compasión, rompí de nuevo a llorar y surgió el pensamiento: para esto no hay compasión. Ni tan siquiera de mí misma. Ah. Así, debo dirigir mi atención hacia el sentimiento de no poder esperar ninguna compasión. Finalmente surgió cómo se siente ser un traidor. Es algo difícil de describir: miserable, gris, sucio, abatido... Y muy solo. Respirar, sentir. Pensamiento de ser despreciado por todos, incluso por mí misma. Respirar, aceptar, sentir. Después fui consciente de que en realidad sí hay «compasión»: consiste en entregarse a la parte traidora que se esconde detrás y empatizar con ella. Y eso es lo que hice. Entonces me di cuenta de que necesitaba pedir perdón, pero me acordé de que no es buena idea hacer desaparecer el dolor de alguna manera, sino que es mejor dejarlo como está y llevarlo conscientemente. Sentí que era lo correcto.

Más tarde noté que algo había cambiado. Me sentí más completa. Empecé a reconocer que la traición no era sólo culpa mía. Estaba atrapada en la traición de otros y yo misma era víctima de la traición. El afectado (el traicionado) también tenía su parte de culpa de que todo fuera así... Me percaté de que lo respetaba más si percibía esta verdad. Estos pensamientos no eran un intento de disimular la traición para no sentir el dolor, sino una experiencia novedosa y verdadera resultante del hecho de haber asumido el dolor.

Estuve muy agradecida y durante los siguientes días comprobé que me sentía menos culpable y que era más valiente. (Antes siempre tenía que dar marcha atrás porque me sentía muy culpable).

Extenuación y resurrección

Se me estaban acabando las fuerzas. Demasiado trabajo, sin tiempo para mí, sin ilusión, demasiado de todo. Era una ruina. Recordé una frase de Louise Hay que dice: «Ahora reivindico mi verdadero ser resplandeciente». Sí. Perfecto. Sonaba bien. Me gustaría. Sabía que mi verdadero ser es una fuente de inagotables posibilidades. ¿Qué me impedía reivindicarlo? El sentimiento de ser una víctima. Si reivindicaba mi ser resplandeciente, esa inagotable fuente de fuerza y todo lo que necesitaba, debería renunciar a ese sentimiento de víctima. Lo gracioso es que no quería. De ninguna manera. Por tanto, primero debía prestarle atención al sentimiento de ser una víctima. De una vez por todas debía aceptar sentirme como una víctima y conocer cómo se siente algo así. El cuerpo se debilitaba, decaída, apretaba los dientes. Desolada, pesada, desanimada y algo taciturna, obstinada. Sonaba a negación. Entonces surgió un suspiro: un sentimiento de desesperanza. Así lo sentí entonces con claridad, necesitaba ser percibido, no quería ser ignorado y dejado de lado. Decía: No puedo más, No quiero más.

Para mi sorpresa, al día siguiente comprobé que me dejaba influir menos por todas las exigencias que recibía (a través del teléfono, el correo, el e-mail). Sin habérmelo propuesto, de pronto dije a todo ello: un momento, por favor. Por primera vez me preocupaba de lo que yo necesitaba para sentirme bien nuevamente. Y en muy poco tiempo conseguí salir de mi estado de desaliento y lo transformé en un sentimiento de alegría al levantarme por la mañana.

Anatomía de una insatisfacción

Aquel día había dormido mucho. Cuando, como siempre, quise hacer mis ejercicios físicos, vi la ropa para planchar y decidí planchar primero un poco. Dado que se trataba de algo poco frecuente y especial (siempre dejo para más tarde la plancha), me sentí bien mientras desplegaba la tabla de planchar. En realidad sólo quería planchar un par de prendas, pero una vez ya estaba en ello planché todo el montón. Cuando acabé era tan tarde que ya no tenía tiempo de hacer mis ejercicios. Tenía hambre. Primero debía desayunar. Me sentí frustrada porque me había quedado sin mis ejercicios. A pesar de todo, decidí no hacerlos. Más tarde, cuando me dispuse a realizar mi meditación de cada mañana noté una violenta insatisfacción. En primer lugar, estaba insatisfecha conmigo misma por haber dejado de hacer mis ejercicios, pero también por todo lo que hacía y lo que no hacía. Me di cuenta de que me estaba condenando porque no hacía nada bien. Ni entrenaba físicamente tanto como me gustaría, ni me ocupaba con suficiente diligencia de la montaña de trabajo acumulada en mi escritorio, ni tampoco mantenía mi casa en orden, ni mis cosas, ni mi espíritu, ni siquiera mi vida.

El juez interior se agitó temiblemente. Desde lo más profundo se oía muy bajito y tímidamente otra voz que me hizo reflexionar que en realidad sí merecía reconocimiento, porque a pesar de mi estresante actividad de seminarios y viajes, lo mantenía todo en orden. Pero la insatisfacción hacía más ruido y por eso le presté atención. Así pues, respirar, conocer la insatisfacción (emoción que me contrae la cara en una mueca rabiosa). Resultó positivo prestar atención a la insatisfacción, en lugar de estar simplemente insatisfecha. Entonces, se quebrantó y liberó una amplia gama de sentimientos. En primer lugar estaba la rabia, una rabia sin sentido contra mí misma que me hacía apretar los puños y los dientes. Después estaba la pena (porque obviamente no soy capaz de cambiar), seguida de la resignación y ligada a un sentimiento de que después de una breve pausa volvía a la habitual prisión (la prisión de los hábitos de conducta que me condenan a moverme entre unos límites más estrechos de lo que a mí me gustaría, porque no entreno suficiente, no trabajo suficiente, no practico suficiente, no hago suficiente esto o aquello). Cuando la puerta de la prisión se cerró tras de mí, surgió un sentimiento positivo, el sentimiento de seguridad y protección dentro de los estrechos límites a los que estoy habituada. Era capaz de aceptar algunos de esos sentimientos, dándoles permiso para existir: la resignación, el estar presa, la sensación de seguridad y protección entre los muros de una existencia limitada.

Reconocí que me había pasado toda la vida luchando contra mí misma. Siempre me había exigido algo que por algún motivo no había podido cumplir. De esta manera, continuamente me había sentido insatisfecha y en desacuerdo. Noté que ahora había dado un paso en la dirección de la resolución de ese conflicto que duraba toda la vida. Había dejado de luchar. Una maravillosa liberación. Así pues, podía volver resignada tras los muros de lo habitual. Era sólo un primer paso, lo sé, pero decisivo.

Era consciente de que también me sentía una víctima: debía distanciarme un poco del deseo de poseer un cuerpo perfecto, una salud perfecta, un escritorio arreglado y un hogar perfectamente ordenado y limpio. Me propuse valorar eventualmente estos deseos por separado. Por el momento iba a dejar de luchar.

Una semana más tarde, sentía todo un poco raro, como si todo estuviera de alguna manera desordenado y al mismo tiempo más vivo. Ya no tenía que hacer esto o aquello a cualquier precio, podía dejarlo sin hacer. (Antes también lo dejaba sin hacer pero me sentía insatisfecha. Ahora no pasaba nada). Había descubierto que también se puede simplemente vivir. Antes eso era algo que sólo podían hacer otras personas y por lo que siempre las había envidiado.

Fumar

Desde hace meses quería atender al tema del tabaco. Había empezado a fumar de nuevo, aunque poco. Uno o dos cigarrillos al día y del tipo ecológico, de manera que no se me podía reprochar, aunque para mí incluso eso era demasiado. No conseguía dejarlo. ¿Por qué? Muchas veces me había propuesto sentarme y observar en cámara lenta el momento en el que surgía el deseo de fumar, para llegar al fondo del asunto. Pero me quedaba en la intención. En un seminario fumé durante la pausa para comer. Inmediatamente después realicé una meditación guiada con el grupo. Noté que el sabor del cigarrillo en la boca me molestaba y hubiera querido chupar un caramelo de menta. Entonces se me ocurrió: allí estaba la oportunidad de estudiar el problema del tabaco desde otro punto de vista, es decir, no en el momento previo a fumar, sino en el momento después. Así pues, renuncié al caramelo de menta y observé la «sensación después del cigarrillo». Tenía sensación de suciedad. La acepté. Lo reconocí como un estado mental. Tenía la seguridad de que nunca lo había percibido conscientemente. Después vino la tristeza, acompañada del pensamiento de que ya lo había vuelto a hacer. El sentimiento era como de haberme castigado a mí misma y, al observar la situación más atentamente, tuve la impresión de que un adulto me decía: «Lo ves, ahora te has castigado a ti misma».

Me sentí realmente miserable. En el centro de todo se encontraba el sentimiento de estar sucia. De pronto me di cuenta de que fumaba para despertar mi atención sobre ese sentimiento básico. Abrí mi corazón al sentimiento de sentirme sucia y a mi tristeza por ello, lo que me sentó bien y consecuentemente decidí seguir observando.

Tres semanas más tarde: hace tres semanas que no fumo y sólo lo he echado en falta una vez, aunque no lo pasé muy mal. No se si durará mucho. Pero de todas maneras, de momento es la primera vez que lo he conseguido.

¿Qué ocurre con los sentimientos cuando el corazón se abre a ellos?

Ahora has descubierto de nuevo un sentimiento y lo has acogido en tu corazón, una parte de ti mismo que reclamaba tu atención o que habías reprimido de manera completamente intencionada. ¿Qué ocurre ahora con ese sentimiento?

Algo de tu estructura emocional ha cambiado. En primer lugar, la diferencia radica en que el sentimiento correspondiente puede estar ahí, lo que antes no sucedía. Súbitamente, deja de ser reprimido cada vez que surge y es reconocido. Es probable que al leerlo, esta diferencia te parezca insignificante: debes aplicarlo para poder constatar lo grande que es en realidad. Una comparación del antes y el después puede ser esclarecedora.

Antes: el sentimiento es ignorado (por miedo o por negación). Para conseguir que un sentimiento que está presente no sea reconocido es necesario un trabajo interno de corrección constante. Debe desviarse la atención. Los pensamientos deben ser maquillados y embellecidos. Todo ello va ligado a una tensión física. Se altera la circulación normal de la energía. En lo que se refiere a la realidad externa, deben evitarse las situaciones que podrían sacar a la superficie el sentimiento. Si, a pesar de todo, esto pasa, debe lucharse con uñas y dientes para evitar los daños (que como se piensa se producirían si se admitiera el sentimiento). Estos daños podrían consistir en una reacción emocional como rabia, frialdad, despecho, reproches, intimidación, crisis de llanto o huida. Toda persona está dividida en dos partes, de las que una sufre por no ser percibida y reconocida y la otra porque debe estar constantemente en tensión para mantener a la otra a raya. Además de estos dos bandos enfrentados, existe todavía una tercera parte, el estado emocional general de guerra, conflicto, tensión y malestar. Éste domina la necesidad inconsciente de meterse en situaciones en las que el sentimiento es activado (porque intenta llamar la atención). Es decir, hay un determinado tipo de problema que se va repitiendo una y otra vez.

Después: la división ha desaparecido; se es uno consigo mismo. Ya no hay una lucha constante contra el sentimiento correspondiente. De esta manera se gana energía. Ya no existe la necesidad de evitar determinadas situaciones. Esto implica un aumento de libertad. Ya no es necesario cerrarse antes otras personas que pueden provocar en uno mismo ese sentimiento. Esto implica ganar en amor, sinceridad, y capacidad de comunicación. Sencillamente el sentimiento es sentido cuando aparece. Se trata de un matiz en la corriente de la vida interior que de vez en cuando surge y nada más. Deja de ser un problema. Desaparece el tema problemático relacionado con la emoción suprimida, ya que, en primer lugar, la emoción ha dejado de ser un problema y, en segundo lugar, ya no existe una necesidad inconsciente de meterse en problemas de este tipo.

Pero lo que es más importante desde mi punto de vista es que algo se ha liberado del destierro y de esta manera del sufrimiento. El sufrimiento –sufrimiento espiritual– no está causado por el dolor de la herida, sino por el hecho de que no percibimos ese dolor y, de esta manera, condenamos a esa parte de nuestro ser a padecer al sufrimiento eterno.

Sin embargo, primero es necesaria una fase de «seguimiento». Después de haber recuperado del destierro una emoción y haberla acogido en tu corazón mediante el proceso anteriormente descrito de descubrimiento y aceptación, es bueno seguir vigilando esa emoción durante un tiempo. Lo más sencillo es mirar una vez al día el papel donde has anotado el nombre del sentimiento. Esto debe hacerte recordar lo siguiente: en las situaciones en las que ese sentimiento siempre había sido activado dentro de ti debes estar atento y prestarle un momento de atención (respirar, sentir, asumir) y dejar que simplemente esté ahí. En esta fase te darás cuenta de en cuántas situaciones y campos de tu vida te habías dejado dominar hasta ahora por ese sentimiento, sin darte cuenta. Con el tiempo aparecerá cada vez menos. Esto se debe, en primer lugar, a que ya no te metes en situaciones en las que tengas que percibirlo, ya que ya no tiene que luchar para que tú lo percibas. En segundo lugar, se debe a que ahora interpretas los acontecimientos de una manera distinta a como lo hacías antes de que conocieras la existencia de ese sentimiento.

Así pues, «seguimiento» significa acordarse de él diariamente durante un tiempo (tres días, una semana, dos semanas, según sea necesario), echar un vistazo a ese sentimiento (nota) y permitir consciente y premeditadamente su presencia tan pronto como aparezca. Cuando durante el ejercicio ha surgido un dato sobre cómo poder preocuparse en tu vida cotidiana por ese sentimiento («dar la mano», «no dejar en la estacada», etc.), simplemente se trata de aplicar esa información de forma práctica.

No se necesita nada más. Después, más es demasiado. Déjame que te lo explique con un ejemplo.

Penélope ha descubierto que tiene un enorme miedo existencial. En los últimos tiempos, su consulta de fisioterapia no funciona demasiado bien. Ha sentido ese miedo existencial en su cuerpo (tensiones sutiles en toda la superficie corporal, así como en el plexo solar) e intenta abrirle su corazón. Ha notado que ese sentimiento que hasta entonces siempre había negado necesita sobre todo reconocimiento. De vuelta a su situación cotidiana, Penélope intenta ayudar a su recién descubierto miedo existencial, trabajando plenamente consciente para aumentar su confianza. Al principio está muy entusiasmada y llena de un nuevo valor. Pero al cabo de un rato crece en su ánimo un estado depresivo y tiene la sensación de haber dado un paso atrás. ¿Dónde está el problema?

Penélope debería haberse permitido simplemente sentir el miedo y no suprimirlo, contrariamente a lo que había hecho hasta ahora, permitirle su presencia y tomar conciencia de las situaciones en que ese miedo surge. De este modo, no habría vuelto a dejar sola a esa parte de su ser que sufre ese miedo y habría ganado en confianza. En lugar de ello, intentó deshacerse del miedo y ganar confianza. Como consecuencia, volvió a ignorar y no comprender a su parte temerosa y la volvió a dejar sola. No sorprende que reaccionara con un sentimiento de decepción y resignación, que Penélope identificó como un «estado depresivo».

La siguiente diferencia consiste en que el sentimiento que has dejado de reprimir deja de dominarte. Antes estabas a su merced porque no habías notado su existencia e inconscientemente tenías un miedo desorbitado de él. Te veías forzado a hacer todo lo posible dentro de ti y en tu entorno con tal de no tener que enfrentarte a ese sentimiento. No eras libre. Pero, al haberlo aceptado y haber hecho el descubrimiento de que no es más que un sentimiento, simplemente puedes permitir su presencia y manejarlo libremente en el corazón. Un ejemplo:

El dolor más profundo de Björns era el dolor de la humillación. Más que otra cosa temía sobre todo lo que podía recordarle ese dolor. Se había creado una imagen de orgullo e independencia. Evitaba todo aquello que no estuviera de acuerdo con su imagen de hombre orgulloso e independiente. Pagaba por todo lo que recibía para no estar en deuda con nadie. Tenía buen cuidado de no tener a nadie por encima. En las relaciones amorosas era él el que determinaba hasta dónde llegar, a no ser que hubiera ordenado explícitamente que lo hiciera su pareja. Para él, admitir un error era impensable. De esta manera se había convertido en una persona considerablemente inflexible. En el trabajo se le habían cerrado muchas puertas porque no casaban con su orgullo y su deseo de independencia. Björn era una persona muy consciente y tenía claro que esencialmente era el dolor de la humillación lo que intentaba evitar, pero ese conocimiento no le servía de nada. El miedo a ese dolor lo dominaba. Björn tenía que aprender primero a reconocer el miedo no sólo con el pensamiento, sino también a sentirlo y tras el miedo asumir el dolor de la humillación para, poco a poco, liberarse de ambos.

Cuando trataba con una persona cuyo comportamiento le parecía condescendiente, podía percibir que se sentía humillado y admitir conscientemente ese sentimiento sin identificarse con él. Cuando se enfrentaba a una situación que antes hubiera evitado para no enfrentarse al sentimiento de humillación, ahora podía percibir que temía ese sentimiento y a través de la respiración y sintiendo ese miedo era capaz de enfrentarse a esa situación. Por regla general, podía evitar la humillación, ya que había descubierto que la mayoría de las personas no tenía intención de humillarle u ocasionarle ningún mal y que su sensibilidad se debía a su propia interpretación.

Además, existe otra cuestión. Mientras estás dominado sin saberlo por un sentimiento, inconscientemente irradias ese sentimiento, y los demás reaccionan ante ello. Cuando Björn estaba dominado por su miedo a la humillación, aunque en su interior más profundo se sintiera inconscientemente humillado (un sentimiento que en el subconsciente había adoptado un carácter básico porque nunca había sido reconocido, analizado, relativizado), irradiaba: «Soy una persona a la que se puede pisotear». Y los demás reconocían inconscientemente: «Ah, es alguien al que puedo pisotear. Estupendo». O, dependiendo del carácter de la persona en cuestión: «Oh sí, es alguien al que se puede pisotear. Pobrecillo, tengo que tratarle muy bien». Ambas reacciones hurgaban en la vieja herida. Es decir, Björn volvía a sentirse humillado, y mientras permanecía ignorante volvía a despreciar ese sentimiento, utilizando para ello según las circunstancias una u otra estrategia de defensa desarrolladas a lo largo de su vida, bien una postura orgullosa, distante o independiente, con rabia, retrocediendo, vengativo o bien agachándose y sumiso para evitar el golpe de la humillación. (Me hago pequeño para que no puedas empequeñecerme).

Cuando por fin el sentimiento deja de reprimirse, es decir, cuando abre su corazón tanto al miedo como a la humillación, desaparece la identificación inconsciente «Soy una persona a la que se puede pisotear» o «yo = humillado». De esta manera el Yo deja de identificarse con el sentimiento de ser humillado, y la conciencia vuelve a ser independiente, neutral y no se identifica con un único sentimiento. «Yo» pasa a ser algo soberano y la humillación es un sentimiento percibido por esa conciencia central soberana («Yo»). Así pues, lo que la persona irradia ya no es miedo y humillación, sino soberanía. En consecuencia, es respetada y existe una menor tendencia a tratarla con condescendencia o compasión. (Las personas que tienen por costumbre, no sólo con esa persona en concreto, comportarse con condescendencia o compasión en todos los ámbitos de su vida porque es su manera de protegerse constituyen una excepción).

Así pues, veamos el antes y el después de estos dos puntos:

Antes: la persona está dominada por el miedo al dolor y, consecuentemente, vuelven a darle donde le duele.

Después: primero puede admitirse el dolor, ya no hay que negarlo y deja de dominarnos. Tras lo cual, los demás no sienten la necesidad de meter el dedo en la llaga. De esta manera, poco a poco, ese sentimiento desaparece de nuestra vida.

Tras cada sentimiento negativo existe dolor

Tras cada sentimiento negativo existe el dolor de una herida que sufrimos en algún momento en el que no pudimos trabajarla. Así pues, el verdadero sentimiento negativo es dolor. Todo el resto de sentimientos que tenemos son nuestras reacciones ante ese dolor, es decir, en realidad son «sentimientos secundarios».[3]

Si realizamos una división muy simple, existen tres tipos de sentimientos secundarios negativos: ira, tristeza y miedo. Cada uno de estos tres grupos básicos está relacionado con un exceso de tensión o una baja tensión a nivel físico.

La ira y todos los sentimientos agresivos constituyen una fuerza que sale hacia fuera. Al mismo tiempo, existe una fuerza que contiene estos sentimientos, ya que estamos hablando de sentimientos reprimidos. El resultado es un estado de tensión comprimida que muchas personas sienten en la zona de la mandíbula o los dientes (se quiere morder, desgarrar, mascar), los brazos, las manos y la punta de los dedos (pegar, arañar, golpear sobre la mesa) y en las piernas (patalear, pisotear).

---

3. Una expresión de Bert Hellinger.

Si penetras profundamente en tu ira, sentirás en tus músculos la agresividad contenida y reprimida. Posiblemente, tus músculos tiemblen y se acelere tu respiración. Cuando entres en una fina vibración de la cabeza a los pies (y lo observes con atención), sentirás tu ira. Algunos la perciben también en el abdomen o en el hígado (como sensación de intoxicación).

La ira, el enojo, la rabia y sentimientos similares son emociones llenas de fuerza y fuego. La respiración se hace entrecortada.

Todas las emociones tristes son más bien lacrimógenas y en el cuerpo se sienten como debilidad. El duelo, la tristeza, la pena, la resignación, el desengaño, el desaliento y el desvalimiento están ligados por regla general a una falta de tensión física, la cual se manifiesta por unos hombros caídos, unos brazos inertes, comisuras de la boca hacia abajo y el pecho hundido. La respiración es suspirosa.

El miedo y todas las emociones derivadas del miedo (preocupación, contención, represión, crítica, celos, recelo) también están ligados a tensión física, pero de alguna manera más estática, rígida y pasiva que la de las emociones asociadas a la ira. Una parte del cuerpo se pone rígida y dura, intenta huir, hacerse el muerto o permanece quieta.

El miedo es una emoción bloqueante. La respiración es mínima o simplemente se contiene la respiración.

Tras cada una de estas emociones negativas se esconde, como se ha dicho, dolor. Ese dolor es el motivo por el que tenemos todos esos sentimientos. Estamos tristes porque algo nos duele, nos enfadamos porque algo nos duele y tenemos miedo porque algo nos duele. En el caso de la ira y el miedo está claro, tal vez en el caso de la tristeza algún lector se sorprenda. Pero en mi trabajo diario he comprobado una y otra vez que la tristeza o el duelo no es el verdadero dolor, sino sólo la defensa ante el dolor. La tristeza tiene algo dulce en sí misma. Como un velo negro, un manto de duelo, un oscuro capullo o un mar de tristeza (todas son distintas maneras en que las personas describen su duelo o su tristeza), ésta puede protegernos de enfrentarnos a la agudeza del verdadero dolor. Durante un tiempo puede ser necesario, pero tarde o temprano llega el día en el que tenemos que sopesar el sentir aquello por lo que estamos tristes. De no ser así, estaremos tristes toda la vida por lo mismo y el dolor nunca desaparecerá.

En lo que se refiere a los problemas que vamos encontrando: sólo se solucionan realmente cuando se encuentra y se siente el dolor que está en la base del problema. Sin embargo, por lo general ese dolor no es fácil de encontrar, e incluso cuando se reconoce de qué tipo es, no siempre se tiene la capacidad de aceptarlo. Por lo común, uno se topa primero con todo tipo de emociones: rabia, miedo, tristeza y todos los otros «sentimientos secundarios» de estas categorías básicas, es decir, con las capas de sentimientos con las que se ha tapado el dolor.

En ocasiones se trata sólo de una única capa, por ejemplo cuando el verdadero dolor que se sufre es una negativa y se desarrolla sencillamente una manera de no sentir, una frialdad emocional para no tener que sentirlo. (Cuidado: la frialdad emocional también es un sentimiento y debe tratarse de la misma manera que el resto de emociones). En este caso, se debe admitir simplemente de manera consciente el estado de no sentimiento o de frialdad y constatar qué es lo que necesita del corazón (¿autorización?, ¿reconocimiento?, ¿comprensión?).

Sin embargo, la mayoría de las veces existen muchas capas de sentimientos que tapan el verdadero sentimiento, el dolor. He aquí algunos ejemplos:

- Uno se siente humillado.
- Uno tiene miedo de tener que sentirse humillado y se defiende con rabia.
- Como no se puede conseguir nada con la rabia, uno se siente impotente.
- Como se tiene miedo de tener que sentirse rabioso e impotente, uno empieza a odiar.
- Al odiar, aparece el deseo de venganza.
- La sed de venganza y la impotencia pueden conducir a la amargura.
- La amargura conduce a la frialdad emocional y la crueldad.

En este ejemplo se muestran todas las capas, desde la más superficial hasta la más profunda, de los siguientes sentimientos:
- crueldad, frialdad emocional,
- amargura,
- impotencia,
- deseo de venganza,
- odio,
- impotencia (otra variedad),
- rabia, miedo,
- dolor por la humillación sufrida.

O:

- Uno siente que le han dejado en la estacada.
- Se tiene miedo de admitir ese sentimiento y por ello se reacciona con desesperación.
- La desesperación no provoca ningún cambio en la situación, por lo que se acompaña de desvalimiento.

- La desesperación acompañada del desvalimiento conduce a la resignación.

Así pues, se trata de los sentimientos de:
- resignación,
- desvalimiento, desesperación,
- miedo,
- dolor por haber sido abandonado.

Cuando a este complejo emocional se añade la rabia (porque no nos gusta el sentimiento de haber sido dejados en la estacada) y esa rabia es reprimida o no suficientemente tenida en cuenta, puede aparecer la resignación y, al final, la amargura.

O:

- El dolor más profundo es el dolor del rechazo.
- Uno tiene miedo de que pueda acabar con él. Para no tener que sentirlo, se llega a la «frialdad emocional».
- La frialdad emocional es algo que produce rechazo.
- Así pues, uno se esfuerza en ser especialmente efusivo y compasivo.

Los sentimientos que preocupan en este caso son (enumerados de arriba abajo):
- fatiga,
- rechazo (el propio rechazo de la frialdad emocional),
- frialdad emocional, miedo,
- dolor por haber sido rechazado.

Así pues, como se ve, el sentimiento más profundo siempre es un dolor y la capa siguiente es el miedo frente a ese dolor. Las sucesivas capas son reacciones frente a ese miedo. El sentimiento que con más frecuencia es ignorado o negado no es el dolor, sino el miedo. Muchas personas son conscientes de sus miedos más profundos, aunque estén muy lejos de querer sentirlos. Sin embargo, pocas saben que ese dolor les domina y en cualquier caso lo negarían de forma vehemente.

Todo el drama desaparece cuando el dolor en cuestión se siente conscientemente. Ese dolor, el verdadero sentimiento, sólo precisa ser sentido. Empatía, compasión, comprensión, respeto, todas esas palabras mágicas con un efecto tan beneficioso sobre los sentimientos secundarios son superficiales en lo referente al dolor. Cuando finalmente nos enfrentamos a ese dolor, por sí solo se inclina y se compadece y se comprende. Tan sólo hay que contemplar la posibilidad de sentirlo, aaceptarlo y prestarle atención sin perderse en él.

No hay nada más resolutivo, más liberador y más curativo que esto. Después aparece el sentimiento de ser uno, de paz y de amor.

Y, finalmente, con el amor uno llega al fondo de todo. El amor es siempre la base, la capa más profunda, incluso debajo del dolor más profundo. El amor es la capa más interna de la vida interior, el estado más interno de nuestro corazón y es precisamente allí donde llegamos cuando traspasamos la puerta del dolor.

El atajo hacia la redención

Existen dos caminos que a través de los distintos sentimientos negativos llevan hasta el verdadero dolor. Uno lo acabo de esbozar: por así decirlo, la persona va sintiendo a través de las distintas capas de sentimientos, hasta toparse con el que está creando problemas, el dolor. Cada uno de esos sentimientos con los que uno intenta protegerse de ese dolor necesita un tipo de aceptación por parte del corazón –comprensión, reconocimiento, autorización, respeto, compasión o empatía–. El propio dolor, cuando finalmente nos topamos con él, simplemente tiene que ser sentido y nada más.

A lo largo de los años, la práctica me ha demostrado que existe un segundo camino, un atajo, que lleva directamente hasta el dolor. Al inicio de ese atajo se encuentra la pregunta: «¿Qué ocurre si dejo de lado mi reacción emocional?».

Supongamos que tu jefe te ha reprendido delante de todos tus compañeros. Estás muy enrabiado. En medio de tu ataque de rabia, despiertas («Ah, esto es un ataque de rabia») y te acuerdas de «respirar, aceptar». Durante un momento sientes conscientemente tu rabia. Y después te preguntas: «¿Qué ocurriría si dejo la rabia de lado?». Dicho de otra manera: si dejases que el suceso te afectase sin enrabiarte, defenderte ni dejarte llevar por la tensión, ¿cómo te sentirías?

Si tienes suerte, rápidamente surge la razón por la que estás rabioso: el dolor. En este caso, por ejemplo, el sentimiento de haber sido puesto en la picota y humillado públicamente. ¿Eres capaz de aceptar sentirte así? Respirar, percibir conscientemente. Eso es todo.

Entonces te darás cuenta de que la situación te ha ayudado a descubrir un sentimiento que siempre había estado presente en el fondo de tu mente y al que de esta manera has podido prestar la atención sanadora que necesitaba.

Otro ejemplo: sufres de tensión crónica en la zona cervical. Un día se te ocurre la idea de prestar atención a tus cervicales. Descubres que allí se localiza algo, te preocupa desesperadamente mantener las cosas bajo control. El camino clásico sería: sentir la tensión, sentir la desesperación, sentir el miedo y finalmente aquello a lo que esa parte de ti tiene miedo: el dolor. La pregunta que conduce al atajo es: «¿Qué ocurriría si dejara las riendas más sueltas?». Lo imaginas mientras relajas los músculos y piensas en tu vida en general o en la situación que en ese momento te está creando problemas. ¿Qué pasa? ¿Qué imágenes y pensamientos surgen? Quizás veas que todo se desmorona sobre ti. O surge el pensamiento de que te dejarían solo y desvalido. Que perderías completamente tu visión panorámica. Que el mundo se destruiría. Que todo se derrumbaría. Que perderías pie. Sea lo que sea ¿puedes asumir el sentirte así sin defenderte? Es tu sentimiento. Siempre estuvo ahí. Ahora tienes la posibilidad de conocerlo y prestarle atención. Respirar, aceptar, sentir. Y te liberas del miedo. Sólo era un sentimiento. No es la realidad. Conserva el sentimiento conscientemente mientras piensas en tu mundo, tu vida, tu situación. Intenta incluirlo conscientemente en tu vida. (Los demás no deben notarlo).

Cuando el problema es, por ejemplo, la inestabilidad, comprueba cómo es sentir que pierdes la estabilidad y no hacer nada para solucionarlo. Pasado un rato te darás cuenta de que la verdadera estabilidad consiste en estar con uno mismo y sentir lo que de todas maneras sientes, por ejemplo esa inestabilidad.

Un último ejemplo: imaginemos que tu pareja está demasiado encima de ti. Quizás quiere mudarse contigo, casarse o algo similar. Te das cuenta que eso te remueve por dentro. Por miedo a perderlo/a no dices nada y te invade un sentimiento de resignación. Seguramente, de alguna manera restas importancia a la situación. Pero llega el día en que ese estado te incomoda. Decides estudiar toda la situación. Así pues, te planteas la situación, observas cómo reacciona tu cuerpo, respiras y sientes. En primer lugar, aparece un sentimiento de defensa. Una voz dice: «Tienes que defenderte». Se hace patente la tensión, la sensación de calor o cualquier otro síntoma de la reacción defensiva. Percibes la defensa y notas la rabia que se esconde detrás. Entonces, te acuerdas del atajo. Te preguntas qué pasaría si dejaras a un lado la tensión de la rabia y no te defendieras. Te relajas. Seguidamente aparece un sentimiento de pena, después resignación, un estado de debilidad y apatía, en el que tu reacción defensiva se diluye. En este punto estás lo suficiente despierto para notar que se trata sólo de otra reacción para no tener que sentir el dolor que se esconde detrás de todo eso. Así pues, te preguntas: «¿Qué pasará si también dejo todo eso a un lado? ¿Si no me defiendo, pero tampoco caigo en la pena y la resignación, sino que me limito a estar y me expongo a la situación?». Entonces, finalmente aparece el dolor del que en realidad se trata, primero como imagen que muestra cómo eres arrollado, aplastado, presionado y finalmente asfixiado. ¡Ah! Éste es el sentimiento del que tenías tanto miedo. ¿Puedes aceptarlo? Es sólo un sentimiento, no es la realidad, y de todas maneras está ahí. Ahora puedes conocerlo. Respirar, admitir, percibir el sentimiento conscientemente. Siempre que lo observes así y sientas mientras lo haces tu respiración, no puede pasar nada peor.

Así pues, el «atajo» consiste en dejar de lado todas las reacciones defensivas y dejar que la situación te afecte sin tensiones (rabia, miedo) y sin desfallecer (pena, resignación), buscar salidas (desesperación, pánico) o escapar (apagón, desconectar, apartarse a planos más elevados). Puedes tomar el atajo desde el sentimiento que en ese momento está en primer plano, prestando brevemente atención a ese sentimiento (no sólo ignorarlo) y comprobando después si puedes dejarlo de lado y lo que ocurre entonces. Si tienes suerte, aparecerá el dolor que está en el fondo de todo y en ese momento sólo debes admitirlo conscientemente. Es tu dolor. Te necesita. Dedicarse a él y sentirlo es un acto de compasión y su única oportunidad de sanar. No puede ni matarte ni devorarte o herirte, ya que no es más que un sentimiento, un momento de la vida interior. Es posible que no sea un sentimiento bello, incluso puede ser el peor que puedas imaginar, pero pasará. Respirar, sentir, admitir conscientemente. Eso es todo.

Sin embargo, ese atajo no siempre funciona. No siempre se está preparado para aceptar el dolor. Con frecuencia se queda en un simple intento, pero yo, en cuanto noto que no funciona, interrumpo el intento y vuelvo al sentimiento que acabo de descubrir o me dirijo al que ha surgido en mi intento.

El tesoro bajo el dolor

La recompensa de todo ese esfuerzo, si es que consideras que el ejercicio es un esfuerzo, es el amor, un estado que es mucho más bello que todo lo que tenías antes. El amor se instaura justo en el momento en que dejas de negar tu dolor y empiezas a asumirlo. Pero todavía hay más. Bajo el dolor se esconde un tesoro que sólo se puede encontrar cuando se admite completamente el dolor. Es algo valioso, una vivencia interior de una especial belleza que corresponde al misterio de tu vida única. No es posible encontrar palabras para expresarlo. Como mucho puede esbozarse y sólo pueden entenderlo las personas que han vivido algo similar.

No soy capaz de transmitirte una noción de ese tesoro, porque es distinto para cada persona. Tendrás una pequeña idea cuando mires a los ojos de las personas cuyo corazón está lleno de amor. Algunas veces se encuentra algo de ello en cuentos, algunas veces en la música. Es belleza, dolor y amor todo en uno.

Cuando abres tu corazón, sientes tu dolor y antes o después acabas encontrando tu valioso «tesoro», ambos, el dolor y la belleza estarán presentes en ti. El dolor no se desintegra en el aire, aunque al principio sea una idea seductora e incluso un aliciente para tomarse la molestia de mirar. Pero más adelante se siente que el dolor pertenece al carácter único y bello de la vida. Esto no significa que tengamos que ser masoquistas y quererlo conservar a toda costa, pero simplemente forma parte de todo, ya que sin él la vida y las vivencias carecen de profundidad, magia y grandeza. Sobre todo, deja de dominarnos ese dolor. Dejamos de sospechar continuamente que alguien quiera ocasionarnos de nuevo exactamente ese dolor, porque ya no juzgamos todo a través de la lente de nuestra vulnerabilidad. La antigua herida puede finalmente cicatrizar, porque hemos quitado el vendaje (todas las capas de sentimientos con los que la habíamos tapado) y porque la hemos dejado en paz (para que dejemos de interpretar cada acción y reacción de los demás como una indirecta a nuestro punto doloroso). La violencia del dolor desaparece (las tensiones físicas, la energía congelada, los recuerdos que han quedado prendidos en el lugar donde se produjo el dolor), pero la esencia del dolor forma parte de nuestro ser. Enternece nuestro corazón, hace que empatice con todo aquel que sufre un dolor similar.

Todo ser que llega al mundo toma de esta manera la medida al dolor. Incluso la llegada a este mundo no es tan sólo excitante y feliz, sino también dolorosa. En realidad, implica salir de un mundo informe y por lo tanto ilimitado, atemporal y eterno, sin luchas, estrés ni ira, sin obligaciones y sin limitaciones y entrar en un mundo formal que hace posible un cierto número de propiedades y capacidades, pero excluye todas las demás. Se entra a pertenecer a la conciencia, a ser una persona individual, separada del resto del mundo y de sus orígenes, en un mundo en el que no se puede existir simplemente como uno mismo, en el que no se es comprendido sin más, en un cuerpo que puede ser herido, mutilado y muerto.

«El arte del guerrero es saber mantener el equilibrio entre la maravilla de ser un hombre y el horror de ser un hombre».[4]

Es una aventura magnífica y única llena de posibilidades y da miedo y hace daño. Ni tan siquiera aquellos que nunca han olvidado que en realidad son infinitos e ilimitados se libran de ello.

---

4. Carlos Castaneda, *Viaje a Ixtlán* (*véase* bibliografía).

¿La espiritualidad como huida ante el dolor?

Como ya he dicho, el dolor forma parte de la vida porque la decisión de vivir lleva consigo renunciar a muchas cosas y adaptarse a una limitación e individualización realmente intolerables.

Sin embargo, hay personas que son absolutamente conscientes de su naturaleza como seres eternos, ilimitados y esencialmente espirituales. ¿También deben sufrir? ¿No deberían librarse del dolor? O, lo que realmente queremos saber: ¿la espiritualidad no debería suponer una posibilidad de escapar al dolor? Desde mi punto de vista no lo es y tampoco debería serlo. Toda la belleza y trascendencia de «el milagro de ser una persona», como dice Castaneda, se obtiene sólo cuando se asume totalmente el «horror, de ser una persona» y se acepta la limitación, el carácter efímero, la muerte, la separación y todo lo demás. Sin embargo, esto no significa decir tan sólo: «Nada resulta de ayuda, así son las cosas», sino vivir conscientemente la parte personal de estos temas dolorosos y sentir también conscientemente todos los sentimientos que surgen a partir de ahí. Incluso la célebre maestra de zen Charlotte Joko Beck dice: «Pensamos que no estamos especialmente destinados a sentir y asumir el dolor de nuestra vida. Lo más triste es que al querer eludirlo, nos perdemos el milagro de la vida y el milagro de lo que somos».[5]

Conozco a muchas personas que intentan eludir el dolor dedicándose a temas espirituales, por ejemplo diciéndose a sí mismas que todo es menos malo porque no es real (en el sentido de su interpretación de la teoría maya que afirma que todo es ilusión. Según mi opinión en realidad lo que afirma es que nuestra interpretación de lo que percibimos es una ilusión que consideramos la realidad). Pero esto implica negar una parte de tu ser que sufre por la separación y la limitación. Se trata de nuevo de la represión de los verdaderos sentimientos y, según mi experiencia, no lleva al crecimiento y la iluminación, sino a la ruptura, el seudoconocimiento y la seudosantidad. Entonces uno cree que sabe de lo que se trata, aunque en realidad se cierra a la mitad de la realidad.

Estamos aquí para vivir, encontrarnos, disfrutar, sufrir esta encarnación y en último extremo para reconocer lo que somos: manifestaciones vivas del todopoderoso, el todo o la inteligencia universal, como quieras llamarlo. Yo prefiero no decir «Dios», porque puede hacer pensar en el ser superior moralista que durante siglos se nos ha presentado como Dios y que todavía llevamos grabado a fuego y que destruye la ilusión por la religión.

No es casualidad que la historia que se nos cuenta de Jesucristo sea un drama, en el que la resurrección viene precedida de la crucifixión. Creo que uno debe arriesgarse a vivir realmente y sentirlo todo y empatizar, antes de poder hacerse

---

5. Charlotte Joko Beck, *El zen en la vida cotidiana* (*Zen im Alltag*) (véase bibliografía).

una idea de lo que se esconde detrás de la vida. Desde arriba, en las esferas espirituales, puede comprenderse intuitivamente, pero no es lo mismo como el despertar real. Conozco esa diferencia porque hace muchos años que estoy especializada en la recepción y la divulgación del conocimiento intuitivo, es decir, de los planos espirituales más elevados. Las maravillosas enseñanzas y sabidurías que mis amigos y lectores han conocido utilizándome como canal de las esferas superiores es de un valor inestimable y maravilloso.[6]

Pero, el despertar al conocimiento como fruto de tu propia vida es algo distinto. De esta manera, la inteligencia universal adquiere forma y vida, se convierte en un «ah» real, pleno, vivo y sentido, en lugar de ser únicamente un anhelo o un reconocimiento mental.

Ser espiritual no se acaba sólo en saber algo, aunque se trate de un conocimiento interior propio que de alguna manera has comprendido intuitivamente. Se sabe de qué va la vida, se sabe cómo se creó el universo y por qué todo es como es. No hay nada que decir al respecto. Incluso aunque se supiera realmente, que no es el caso, tendría poca importancia comparado con el pequeño pero real despertar que se produce cuando se ha admitido un dolor y se ha despertado de la hipnosis de un miedo o una convicción. Toda la vida se ha creído que ser rechazado era algo que de ninguna manera se

---

6. Safi Nidiaye, *El amor es algo más que un sentimiento (Liebe ist mehr als ein Gefühl)* (Enseñanzas para el amor, la vida y la pareja); *Nuevos conocimientos, nuevos pensamientos para un futuro mejor (Neues Wissen, neues Denken für eine bessere Zukunft)* (continuación del primer libro que trata de temas más bien colectivos); *Dirección a través de la intuición (Führung durch Intuition)* (para ejecutivos) (*véase* bibliografía).

podía superar. Así pues, se ha hecho todo lo posible para evitar o por no permitir que esa emoción entrara en nosotros, aunque ya hubiera ocurrido. Y de pronto se admite el temido dolor y se dice: «Ah. Así se siente en realidad. De esto es de lo que he estado huyendo toda la vida».

Cuando procedes de esta manera, te dotas de un plano superior. Descubres tu invulnerabilidad. Has sentido el dolor y sigues ahí, todavía sano y salvo, incluso más entero, sano y presente que antes. No es lo mismo que huir hacia el plano superior para no tener que sentir el dolor. Esto último es división e inconsciencia, no iluminación. El momento en el que la puerta del corazón se abre y deja entrar a un sentimiento antes rechazado, es al mismo tiempo una brecha hacia planos espirituales más elevados. Muchos, de pronto, saben intuitivamente qué sentido tiene su problema y cómo pueden solucionarlo. O, de pronto, son conscientes de la dimensión colectiva de sus sentimientos o problemas y se dan cuenta de cómo con su rabia, su desvalimiento o con el sentimiento que sea, siempre forman parte de la rabia o el desvalimiento de la humanidad. La compasión que surge al abrir el corazón no se ocupa únicamente del propio sentimiento, sino de todas las personas que sienten algo similar. Otros viven este contacto con los planos superiores de tal manera que súbitamente son inundados de amor, agradecimiento, veneración y humildad. Se despierta el deseo de rezar, meditar o incluso «loar» –el estado de ánimo en el que surge un «aleluya».

Abrir tu corazón a aquella parte de ti que sufre es, de hecho, la mejor manera que conozco de iniciarse en la meditación. En lugar de deshacerte de los problemas, preocupaciones, emociones y pesares de tu «pequeño Yo», junto con aquellos guardados en el armario, antes de entrar en el templo tomas conciencia de todo ello y lo llevas ante el altar. «Aquí», dices, «éste es mi pesar. Míralo conmigo». Tu aportación activa al culto divino consiste en que te presentas en el recinto santo del templo, por así decirlo, a los ojos de Dios o de la conciencia universal a través de los sentimientos que te preocupan en ese momento y les abres tu corazón. El resto viene de arriba por inspiración.

En este contexto, empiezo mis meditaciones diarias casi siempre mirando hacia mi interior, de la misma manera que el médico de un hospital pasa visita a sus pacientes por la mañana. «¿Qué tal te va esta mañana?» ¿Existe alguna cuestión que te preocupe? ¿Existen pensamientos que precisen tu atención? ¿Existe un síntoma físico que precise atención? Después realizo todo el ejercicio —respirar, sentir, aceptar, abrir el corazón—. Seguidamente, la meditación viene por sí sola. Incluso cuando dispongo de poco tiempo, digamos cinco minutos, realizo el ejercicio de forma muy abreviada y después me quedo uno o dos minutos en silencio o rezando.

Un maravilloso viaje
hacia uno mismo

Evelyn, una mujer que hace poco tomó parte en uno de mis seminarios me escribió: «Cada una de las meditaciones según tu método es un maravilloso viaje hacia mí misma». Le estoy muy agradecida por esta expresión. Ya que de otra manera es posible que hubiera olvidado decirte que todo esto no es sólo trabajo, práctica y esfuerzo o incluso suplicio, sino también «un maravilloso viaje hacia uno mismo». Esta profunda y misteriosa intimidad llena de amor con uno mismo, la brecha hacia el amor y a mundos más elevados, en ningún momento es tan clara como cuando abres tu corazón a un dolor realmente profundo que no puede eliminarse sólo con consuelo.

En la medida en que desarrollas la conciencia y la capacidad de abrir tu corazón, toda la vida se transforma en un «maravilloso viaje hacia ti mismo» que lleva también consigo momentos desagradables. Así, por ejemplo, siento que es una verdadera maravilla cómo tomo cada pequeño acontecimiento en mis relaciones como un pretexto para despertar de una hipnosis de toda la vida, la cual fue provocada a través de un pensamiento, un sentimiento, un miedo o una alucinación. Este despertar se produce al observar conscientemente qué ocurre dentro de mí, en lugar de limitarme a reaccionar, y ofrecer compasión y comprensión a aquello que está sucediendo en mi interior. Siento mi respiración cuando en algún lugar se hace crítica, y esto me recuerda que debo «observar conscientemente», «admitir lo que siento» y «abrir el corazón». Con el tiempo, se ha convertido en algo que sucede de manera involuntaria. Como habitualmente, las reacciones emocionales son siempre las primeras, pero al mismo tiempo despierta la conciencia y, de esta manera, de cada suceso interpersonal surge un pretexto para dirigirme a un antiguo y atormentador dolor, abrir mi corazón y llegar a la sanación, profundización de la vivencia y más amor.

Mi pareja y yo solíamos dormir bajo la misma manta. Para ello nos habíamos comprado expresamente una manta maravillosamente grande. Sin embargo, él decidió envolverse en su propia manta para poder dormir mejor. Por algún motivo, la cuestión de la manta me estuvo persiguiendo todo el día y toda la noche y una noche más. Observé cómo mis pensamientos se desbocaban. «¿Para qué compartir una cama si no dormimos bajo la misma manta y no podemos sentirnos mutuamente? Conseguiría otra cama y la colocaría al lado. ¿Para qué mantener una relación si no dormimos bajo la misma manta? Me voy. Quiero ser libre de nuevo. Odio las relaciones. De hecho lo odio todo». Así más o menos sonaba el revuelo en mi cabeza y, como estaba cansada, los pensamientos hacían lo que querían. No estaba en situación de ponerlos en su sitio. Pero en algún momento, hacia las tres de la madrugada, me levanté, me fui a otra habitación y me senté para estudiar todo el asunto. Algo mucho más grande debía esconderse detrás de todo aquello para que me alterara de esa manera. Así pues, sentí toda mi rabia y toda mi frustración y abrí mi corazón a algo, aunque no sabía a qué. En un momento determinado surgió el dolor que se escondía detrás. Me sentía rechazada, arrancada de sus brazos (hacía tiempo que no se trataba de mi pareja, sino de mi madre). No lo entendía. Estaba el miedo al rechazo y el dolor por la falta de comprensión.

Al día siguiente, durante un masaje, surgió el resto. Con gran claridad recordé cómo, después de ser arrancada de los cálidos brazos de mi madre (era un bebé cuando se marchó), sólo recibí una atención de carácter profesional. (Después el masaje que estaba recibiendo de mi pareja y que se me antojó como la representación del drama me hizo pensar que ya no había caricias, sino sólo un contacto terapéutico y práctico). Sentí un gran dolor y al mismo tiempo tuve la sensación de ser castigada sin saber por qué. Fluyeron muchas lágrimas, pero fueran lágrimas buenas, de alivio, porque había descubierto un dolor antiguo y lo había asumido conscientemente. En la cuestión de la manta habíamos encontrado una solución que nos contentaba a los dos. Ya no era un problema.

Cada vez me resulta más fácil ser consciente y volver de forma natural y sin esfuerzo al estado del amor. Sin embargo, lo más bello de este camino es el descubrimiento de que todo es muy distinto de lo que siempre pensé, en cada aspecto y en cada momento.

¿Y los sentimientos positivos?

En ocasiones, alguien se queja de que la mayor parte del tiempo hablo de sentimientos negativos. ¿Se trata siempre de lo negativo? ¿Qué ocurre con los sentimientos positivos? ¿Con la alegría, por ejemplo?

Hablo tanto de sentimientos negativos porque son los que nos causan problemas y porque las personas a las que me dirijo buscan una salida a sus problemas. Con la alegría, el amor, la paz, la ecuanimidad, la ternura y sentimientos similares, la mayoría de las personas no tienen ningún problema, como mucho el problema de que los experimentan demasiado poco. Nadie se defiende de los sentimientos positivos, no se reprimen ni se contienen, podría pensarse. Sin embargo, en realidad no es así. El porqué lo explicaré más adelante, ya que para ello debo hablar de nuevo de emociones negativas. Por ahora restrinjámonos a lo positivo.

¿Qué son en realidad los sentimientos «positivos» y «negativos»? Los sentimientos positivos son sentimientos afirmativos. Los sentimientos negativos son sentimientos que niegan. Cuando tengo miedo, estoy rabiosa o triste, implica siempre una negativa a algo. «No, no quiero vivir esta experiencia. No es bonita».

Bajo mi punto de vista, los términos «positivo» y «negativo» no van ligados a ninguna valoración. Son simplemente expresiones que nos ayudan a entender el tipo de sentimiento al que nos referimos.

Esencialmente existen dos tipos de emociones positivas: la alegría y similares y el amor y similares. Añado «similares» porque existen muchas variantes de las sensaciones de alegría y de amor. En cuanto a la alegría, la gama va desde el contento hasta el júbilo y en el caso del amor, desde la simpatía, el afecto, el cariño o la solicitud, hasta la pura pasión o el deseo de absoluta entrega.

Si estamos aquí, en este cuerpo, en este planeta y ahora, es porque en algún momento dijimos «sí». Lo más gracioso es que ostensiblemente lo hemos olvidado. O pensamos que era improbable que hubiéramos sabido conscientemente lo que asumíamos al aceptar la encarnación. No estamos de acuerdo. Así, no nos lo planteamos. O pensamos que, de hecho, no hubiéramos querido venir. De niña, cuando mis padres me exigían que les diera las gracias siempre decía: «Yo no pedí venir al mundo. Sois vosotros los que queríais que viniera a este mundo». Más tarde llegué a la conclusión de que ninguna de las dos cosas era cierta. Yo quería de buen grado venir al mundo, pero en realidad ellos no querían tener hijos. Ambas posturas incluyen una negación. Negación significa una emoción negativa y una emoción negativa significa sufrimiento.

La emoción negativa surge por una negación. O bien es una negación que parte de nosotros mismos («No quiero tener esta experiencia»), o bien es una negación que nos viene impuesta («En realidad no queremos tenerte»). No obstante, por regla general, ambas cosas son transmitidas naturalmente de manera inconsciente y no verbal. «Tu forma de ser no es la correcta. Debes ser de otra manera». Cuando la negación nos viene impuesta, la negatividad es problema del otro, pero cuando ese otro son nuestros padres y nosotros somos todavía niños es como si fuera Dios o la vida el que nos hubiera negado. Si ya como bebé te dieras cuenta de que los padres tienen un problema y que lo que ellos sienten y piensan a raíz de su problemática no puede ni herirnos ni matarnos mientras sigan dándote una alimentación, protección, contacto físico y cobijo, ese dolor no existiría. Pero a esa edad no somos capaces de separar a nuestros padres de nosotros mismos. Sólo nos damos cuenta de que algo choca con nuestra realidad interior. Se siente mal. Hace daño.

Cuando no hay nadie que nos ayude a lidiar con ese dolor con el corazón abierto, aparecen nuestras reacciones: rabia. «¡Fuera! ¡No lo quiero!». Miedo: «¡Ayuda! ¡Esto me destruye!». Tristeza: «No quiero esto. Quiero volver a tener lo bonito. No lo soporto. Ya no soy capaz de alegrarme». Desesperación: «Tiene que haber una salida». Resignación: «No tiene ningún sentido».

¿Ves que todos esos sentimientos reactivos (rabia, miedo, tristeza, desesperación y resignación) son intentos de no tener que experimentar el dolor? Desde nuestro punto de vista, adquieres experiencia para negar.

Desde nuestra perspectiva, las emociones positivas son experiencias para afirmar: «¡Oh sí! ¡Es bonito! ¡Me hace sentir bien! ¡Me da fuerzas! ¡Me hace feliz!».

Naturalmente, también existen estados de ánimo que según el momento pueden considerarse negativos o positivos, pero que por regla general se cuentan entre los positivos. Entre ellos se halla por ejemplo el estado de serenidad. Yo lo coloco en el lado positivo, porque la paz no se encuentra en el estado de la negación, sino de la afirmación. Además, es un sentimiento que siempre es agradable y que nosotros mismos afirmamos de buen grado. La indiferencia también puede considerarse un estado neutral, si no fuera casi siempre un disfraz para las emociones negativas. Por lo general, las personas se muestran indiferentes o siguen una filosofía de vida en la que la indiferencia —«todo es indiferente»— ocupa un lugar muy importante, porque están desilusionados, porque han naufragado y porque llevan consigo un dolor que no quieren sentir.

Pero volvamos a las emociones positivas. He descubierto que es bueno tratarlas de la misma manera que a las negativas. En lugar de simplemente pensar que estoy contenta y compartirlo con alguien, experimento la alegría conscientemente también como un estado físico y le cedo un lugar en mi corazón. Te reirás, pero tu alegría también anhela ser realmente sentida y admitida por ti. Lo mismo ocurre con tu amor. Para mí, el descubrimiento más sorprendente fue el del que el amor por las personas que más quiero en este mundo esperaba frente a la puerta de mi corazón desde hacía tiempo a que finalmente lo acogiera. Con este amor había pasado lo mismo que lo que ya te he explicado en relación a las emociones negativas: estaba dominada por él, pero nunca lo había sentido conscientemente ni le había abierto mi corazón. Naturalmente lo recuperé, lo que llevó a un sensible cambio del clima interior y, además, fui capaz de abrir mi corazón a las personas que quiero y, por primera vez, sentir cómo lo vivía interiormente.

Pensemos ahora en la alegría. Alguien llamó y me informó de algo que me causó una enorme alegría. Oportunamente me di cuenta de que seguía aferrada al auricular del teléfono para contarle a alguien el feliz acontecimiento. De pronto me percaté de que quería hacerlo porque temía no poder conservar esa alegría. Es el mismo miedo que el que se siente ante el dolor. Se tiene miedo de reventar de alegría. Por eso, damos una parte de ésta, contándoselo a otra persona. En realidad, con ello perdemos una gran parte de la alegría y su energía, ya que son pocas las personas que se alegran de nuestra alegría y nos dan la réplica que necesitamos para conservarla. Así pues, colgué rápidamente el auricular e intenté asumir la alegría y sentirla conscientemente. Respirar, sentir... Fue difícil, casi más difícil que en el caso de la rabia. El resultado fue un gran aumento de la energía, pero sobre todo el hecho de que había experimentado realmente la alegría.

En ocasiones, también tenemos miedo de explotar de amor o ternura, por lo que nos sentimos obligados a decir o hacer algo para compartir ese amor. No hay nada en contra de ese compartir, la mayoría de las veces la persona se alegra, pero la próxima vez que sientas ese tipo de arrebato, prueba por una vez mi método antes de abrir la boca y tender la mano. Respirar, sentir, experimentar el amor conscientemente y abrirle el corazón. Esto no sólo completa tu vida interior y profundiza en tus sentimientos, también verás que se expresa incluso sin palabras ni gestos. Y las palabras y gestos que, a pesar de todo salen, vienen del corazón y no son sólo el resultado de un arrebato emocional pasajero. De esta manera, la persona afectada podrá aceptarte mejor.

Si realizas mi ejercicio con las emociones positivas, es decir, si también percibes las emociones positivas de manera consciente, en lugar de identificarte con ellas, y les asignas conscientemente un lugar en tu corazón, te darás cuenta de que, hasta ahora, incluso estos sentimientos no los habías sentido correctamente. Además, descubrirás que no tan sólo has estado reprimiendo los sentimientos negativos, sino también algunos de tus sentimientos positivos, precisamente aquellos que más anhelas.

Ocurre que reprimimos los sentimientos positivos para permanecer fieles a nuestro sufrimiento. Cuando alguien al que queríamos muere, durante un tiempo sentimos tristeza sincera, pero después puede ocurrir que aunque en alguna ocasión surja la alegría (no necesariamente alegría por su muerte, pero sí alegría por el buen tiempo o por cualquier otra cosa), reprimimos esa alegría porque deberíamos estar tristes. Somos especialmente fieles a nuestro sentimiento de culpa. Cuando nos sentimos culpables (y no hemos asumido y admitido conscientemente el dolor de la culpa), no nos permitimos ser felices, o en todo caso no completamente felices. Podemos sentirnos tan culpables que bloqueamos cualquier impulso de amor, compasión o alegría.

Si reprimimos un sentimiento positivo o no tenemos un acceso adecuado al amor o a la alegría, podemos estar seguros de que se entablará una lucha dentro de nosotros entre el sentimiento positivo y uno negativo, que ganará nuevamente el sentimiento negativo. El arte del «trabajo del corazón» consiste en separar a los combatientes y dar un lugar en el corazón a cada uno de ellos. Para que esto pueda suceder, hay que deshacerse de la identificación y mirar todo ello conscientemente y con distancia. «Ah, interesante. Aquí está la tristeza y aquí la alegría, y la tristeza ha empequeñecido a la alegría». Entonces, debe considerarse cada sentimiento por sí mismo –respirar, sentir, aceptar– y descubrir lo que necesita del corazón para sentirse aceptado. En el próximo capítulo se ahondará sobre este tema.

Una mañana me desperté con una sensación de abatimiento. El tiempo era bueno, estaba de viaje en una ciudad bonita. En realidad todo era maravilloso, pero ahí estaba ese sentimiento depresivo. La vida había perdido su sentido, decía. Me di cuenta de que ese sentimiento en realidad es el primero que tengo cada mañana y decidí estudiarlo. Lo sentí, respiré conscientemente y lo acepté. Descubrí de dónde proviene. Tiene que ver con la separación de una persona amada. Abrí mi corazón a ese sentimiento de ausencia de sentido. Entonces surgió un anhelo de felicidad. No permití que se metiera en medio, sino que seguí prestando atención al sentimiento depresivo. Sólo cuando estuvo seguro en el corazón abrí también mi corazón al deseo de felicidad.

Más tarde, ya en el exterior: mi camino hacia el seminario pasaba por una pradera. Caminé descalza. De pronto me asaltó un arrebato de jubilosa alegría de vivir y el conocimiento de que la vida es alegría. Entonces surgió el recuerdo de otro momento en el que sentí esa jubilosa alegría de vivir, la mañana después de la noche en que la persona amada mencionada volvió conmigo. Dolor. Lágrimas. Pero no permití que el dolor hiciera a un lado la alegría. Seguí sintiendo la alegría y al mismo tiempo el dolor. Comprendí que debía admitir el dolor para poder sentir la alegría. Siempre existiría en ella un eco de ese dolor. De alguna manera esto transformó la alegría en amor.

El sentimiento más positivo entre los sentimientos positivos es el deseo ardiente. El deseo ardiente es la fuerza creativa más intensa de todo el universo. Dicho deseo es el origen de todo, es lo que impulsa a las personas y las cosas a juntarse.

El deseo ardiente es creativo. Cuando deseas algo ardientemente, desde lo más profundo de tu corazón, y dices que sí sin limitaciones a ese deseo, consigues la realidad deseada. Cuándo y de qué manera es algo que no puede preverse. Naturalmente, cuando tu deseo ardiente implica el destino de otras personas que quizás tengan deseos completamente distintos a los tuyos, será difícil. En ese caso, te aconsejo fervientemente no dirigir la fuerza de tu deseo hacia los aspectos externos, sino centrarla en lo que se esconde detrás. Así pues, no debes desear X, sino aquello que te prometes de X: una determinada manera de vivir, un sentimiento. No obstante, he comprobado que con frecuencia el deseo ardiente tiene, de hecho, un objetivo concreto, aunque nos esforcemos por desear lo abstracto que hay tras él. En la mayoría de los casos deseamos a una persona, una casa, un lugar o una cosa, porque presuponemos que nos proporcionará una determinada vivencia, es decir, un sentimiento. En otros casos no es así. Hay que respetarlo tal y como es. No tiene ningún sentido decirse a uno mismo: «Deseo el tipo de felicidad que experimento con X», mientras que la verdad es: «Deseo X y me dé, lo que me dé, felicidad o sufrimiento, me da igual».

Como regla general puede decirse: si quieres utilizar la fuerza creativa de tu deseo ardiente, harás mejor en desear lo abstracto que lo concreto. Lo concreto –esa casa determinada–, esa persona en concreto quizás no sea tan asequible, o sea totalmente diferente a lo que esperabas. O después te darás cuenta que en realidad no era X lo que deseabas, sino un determinado sentimiento de felicidad y que X no puede dártelo. Lo abstracto –el sentimiento de felicidad, que esperas de X– siempre es asequible. Lo mismo ocurre con las circunstancias que necesitas para poder realizar esa felicidad. Así pues, desea aquello que quieres experimentar y las circunstancias necesarias para ello, y la fuerza de tu deseo ardiente puede ponerse manos a la obra. Esto, naturalmente, supone que sigas tu propio camino. Y éste es un punto importante, ya que al igual que todo el resto de sentimientos, tendemos a reprimir nuestros deseos más ardientes o, como mínimo, a no sentirlos realmente. Esto se debe a que de todas maneras los consideramos inalcanzables o a que, para poder admitir el deseo, también tenemos que sentir el dolor que está indisolublemente unido a él y eso no lo queremos. Así pues, deseo algo porque estoy separado de ese algo, porque no está ahí. Y aceptar eso duele.

En consecuencia, si quiero activar la fuerza del deseo ardiente, primero tengo que llenar la carencia que el dolor de la ausencia de lo deseado provoca. Sin embargo, existe una resistencia que en realidad es la idea: «Si admito sentir esta ausencia y el dolor que conlleva, lo admito como un hecho y lo reafirmo». Es una especie de superstición.

Supongamos que deseas ardientemente riquezas, pero no tienes ni un céntimo. ¿Cómo puede tu deseo transformarse en una fuerza que consiga la riqueza?

Obstáculo A: «Igualmente no tiene ningún sentido». (Si estas despierto —«Ah, interesante»—, sentirás en tu cuerpo la resignación y buscarás qué necesita de tu corazón).

Obstáculo B: «El deseo ardiente duele. No quiero sentir ningún deseo ardiente porque duele. Simplemente quiero que el dinero esté aquí». De esta manera no se puede mover nada. Se niega la realidad presente y rehusamos poner la fuerza en marcha que la puede cambiar —el deseo ardiente—. ¿Qué hacer? Estar despierto y conectar con la capacidad de observación: «Ah, interesante. Sentir. Abrir el corazón. Comprensión para el hecho de que no queremos sentir el deseo ardiente, que tenemos miedo del dolor».

De esta manera, es decir, cuando no ponemos ningún obstáculo al obstáculo, finalmente se consigue alcanzar el momento en el que se admite el deseo ardiente. El principio de esta asunción es el dolor –lo deseado está ausente–, el resto es alivio. Finalmente se vuelve a ser uno con uno mismo, se dice sí al deseo, a la fuerza que anima, vivifica y mueve, al sentimiento quizás más personal, íntimo y, por así decirlo, más sagrado que se puede tener. En lo que concierne a lo que otras partes interiores puedan decir –«es inalcanzable», «es malo», «no te lo mereces», «no tiene sentido», «olvídalo»–, es infinitamente bueno abrir tu corazón a ese deseo.

El deseo ardiente, sea concreto o abstracto, puede ser nuestro maestro, guía y sanador más importante, siempre que confiemos en él. Es mucho más que simplemente decir: «Deseo ardientemente X, ¿cómo puedo conseguir X lo más rápido posible?». Entregarse al deseo ardiente significa asumir el dolor ligado a éste, así como la incertidumbre de si, de hecho, puedo alcanzar o no el objetivo que lleva unido mi deseo. Así pues, asumo el riesgo de la decepción, de naufragar o de quedar en ridículo. Puede que duela, puede que los demás piensen que soy tonto, pero sé que estoy en sintonía con mi corazón, mi espíritu y con mí mismo y tan vivo como sólo yo puedo estar. Cuando «vivo mi deseo ardiente», estoy cantando mi propia canción. Pero, al mismo tiempo, manejo mi deseo ardiente como cualquier otro estado de ánimo, no identificándome ni dejándome dominar por él, sino asumiéndolo conscientemente y dándole un lugar en mi corazón.

Por último, el deseo ardiente no consiste en tener algo, sino en ser algo –«me gustaría ser feliz», «me gustaría estar seguro», «me gustaría ser guapo, rico, fuerte, sereno, lleno de alegría, vivo, lleno de amor, o lo que sea»–. Pero aunque el deseo ardiente se presente en forma de deseo por una cosa concreta, es nuestro verdadero deseo y es bueno seguirlo, ya que con ello seguimos la fuerza que actúa en nosotros para que evolucionemos. Por este motivo, en *El amor es algo más que un sentimiento (Liebe ist mehr als ein Gefühl)* se dice:

«Tómate siempre de corazón esta ley única e irrepetible: ¡sé tú mismo! Cuanto más sigas tu propia naturaleza, tanto mayor serán la naturalidad, la belleza, la rapidez y la elevación de tu desarrollo. No existe otra ley. ¿Y acaso puedes pensar en alguna más bella? ¡Sé tú mismo! Dentro de esta ley básica está contenida toda la maravilla de la creación. Cada ser lleva en su interior el germen de su desarrollo completo, de la misma manera que una semilla contiene todo el desarrollo de una planta. Este desarrollo puede ser obstaculizado, retrasado, distorsionado, pero nunca evitado. Siempre encuentra su camino. Y el mejor camino es el natural: ¡sé tú mismo! Así pues, deja de aleccionarte, disciplinarte, ponerte normas, castigarte y tener miedo de ti mismo. Sigue tu naturaleza y confía en ella. Es perfecta».[7]

---

7. Safi Nidiaye, *El amor es algo más que un sentimiento (Liebe ist mehr als ein Gefühl)* (*véase* bibliografía).

Por qué es bueno enfocar los problemas de esta manera

Si nos enfrentamos a nuestros problemas de la manera habitual, se nos escapa algo importante. Cada acontecimiento al que nos enfrentamos puede ser un indicio de una herida espiritual inadvertida. Para que no se hurgue en esa herida, reaccionamos con ira, rabia o cualquier otra emoción. Es posible que algunos objeten: «Cuando me enfado con algún cliente porque no paga las facturas, no tiene nada que ver con ninguna herida espiritual. Todo el mundo se enfadaría por una cosa así». Sin embargo, conozco gente que no se enfada, sino que simplemente se encoge de hombros e interpone una demanda. También conozco a otras personas que en lugar de reaccionar con rabia lo hacen con tristeza o decepción, porque posiblemente tienen la sensación de que han traicionado su confianza. Otras reaccionan con miedo, quizás existencial. O alguien puede haber experimentado de pequeño que siempre que sus padres le habían negado algo, seguía una catástrofe, por ejemplo un ataque de ira paterno. Consecuentemente, esa persona podría reaccionar con miedo si su cliente se niega a pagar las facturas.

Las personas a las que el suceso no toca ningún punto débil no reaccionarán emocionalmente. Tomarán nota del suceso y reflexionarán sobre cuál es la mejor manera de proceder. Después pasarán a lo siguiente y no volverán a pensar otra vez en el asunto. Pero si te enfadas cada vez que lo cuentas, a un conocido en el bar, a tu pareja en casa o a un compañero de trabajo en la oficina, es un claro síntoma de que tu cliente, con su comportamiento, te ha tocado alguna herida. Y en ese caso, con toda seguridad vale la pena valorar el asunto con más detenimiento. Ya que esa herida necesita sanar. No sanará por sí sola, mientras te niegues a prestarle atención. Las heridas físicas cicatrizan cuando pueden respirar. Con las heridas emocionales pasa lo mismo. Éstas también cicatrizan cuando pueden respirar, es decir, cuando son liberadas de la negación, la ignorancia y la represión, de todo aquello que hemos echado encima.

Lo más bello de este camino es que nos lleva con tanta sencillez y de forma directa al descubrimiento y sanación de esta herida. No tenemos que hurgar en nuestro pasado, no tenemos que descubrir de dónde provienen nuestras heridas, la información nos es facilitada por el propio problema. Así pues, no tenemos nada más que hacer que aprovechar la oportunidad que el problema nos ofrece. En lugar de quejarnos de que el problema está ahí y que nos lleva por el camino de la amargura, podemos verlo como una oportunidad (aunque sea rechinando los dientes o llorando) de curar una herida, acercarnos más a nosotros mismos y descubrir un tesoro.

Un día un mensaje en mi contestador desencadenó en mí un ataque de locura. No pude seguir trabajando a causa de mi estado de excitación y tuve que sentarme y prestar atención al asunto. Respirar, observar. Tenía el ceño fruncido y desde mi cara hasta el tronco me ocurría algo que tenía que ver con ese ceño fruncido. Al centrarme en ello me di cuenta de que sentía ira, después rabia, después una especie de agarrotamiento en el que sentía mi desesperado intento de defensa. Éste tenía por objetivo impedir que me dominara y me impidiera hacer mis tareas (a causa de la llamada). Me pregunté qué necesitaba esa rabia, el sentimiento dominante, de mi corazón, aunque también se traslucía desesperación, pena y resignación. Basta, se acabó. La rabia no debía ser ocultada por esos otros sentimientos, cosa que obviamente ocurre siempre. Primero tenía que obtener un lugar en mi corazón. Así pues, llamé de nuevo a la rabia y le pregunté qué es lo que necesitaba de mi corazón. Sobre todo necesitaba respeto y la autorización para existir.

Después presté atención al sentimiento de pena/resignación. Se localizaba en los hombros. Éstos caían sin fuerza, de tal forma que no podía alzarlos, lo que en realidad sería lo adecuado como manifestación de ese sentimiento. Parecía infantil. «Si esos de ahí arriba quieren hacer conmigo lo que quieran, a mí me da igual», dijo la niña que llevo dentro. Tomé el «atajo» y me pregunté qué ocurriría si olvidara todo el asunto: desaparecer en la pena y la resignación, bucear en mi interior. Me erguí y contemplé mi cara en un espejo. Expresaba un dolor inmenso. Todavía no sabía qué es lo que me dolía tanto, pero dolía. Presté mucha atención para determinar qué tipo de dolor era aquél y entonces, de pronto, surgió en medio un estado muy bello y lleno de paz. Como si estuviera dentro de una burbuja de paz y luz. Estaba lo suficiente despierta para percibirlo también conscientemente como un sentimiento y abrirle mi corazón. El sentimiento de una burbuja protectora también puede existir. Se le debe tener en cuenta. Me protegía del desagradable sentimiento que acababa de intentar desentrañar. Probablemente, lo mismo ocurrió en mi infancia y más adelante cada vez que

161

un dolor profundo me invadía. Intenté recuperar el dolor, pero no lo conseguí. Entonces entendí que debía darle espacio al sentimiento de burbuja protectora. Así pues, lo dejé existir y cerré todo el asunto con música. Me apeteció escuchar un *Ave María* y puse el del coro de Charlotte Church.[8] Con los primeros y celestiales tonos rompí a llorar. El horrible sentimiento que no había reconocido se presentó, por así decirlo, protegido por el *Ave María*. Se trataba del sentimiento de ser odiada. Odiada, odiosa... un sentimiento de impureza... Mientras los celestiales tonos seguían sonando sentí que el sentimiento de ser odiada me había mantenido fuera del cielo, como mínimo la parte de mí misma que se sentía odiada (y que consecuentemente había asumido que era algo malo, lo peor). La música me ayudó a abrirle el corazón. Entonces me di cuenta de que María era mi propio corazón, el cual compadece a mi niña interior infeliz. La niña preguntó si podía volver a cantar con los ángeles. Nueva explosión de llanto. Amor y compasión. Un suave y silencioso balanceo se adueñó de mi cuerpo, mientras escuchaba una y otra vez la música celestial. Cada vez comprendía más profundamente por qué María es el pasaje hacia el cielo y en realidad mi propio corazón.

Como es lógico, podemos renunciar a contemplar los problemas tan profundamente e intentar que desaparezcan con medidas superficiales. Un poco de inteligencia, ocurrencia, un discurso abierto, un poco más de disciplina o dar un buen golpe sobre la mesa, de esta manera algunas cosas desaparecen como por sí mismas. En prácticamente cualquier situa-

---

8. Charlotte Church, *Voice of an Angel*, CD.

ción que alguien considera un problema, se le podría decir o él mismo podría decirse: «No te pongas así, en realidad no hay ningún problema. Sólo hay que hacer esto o aquello y el asunto se soluciona». De hecho, en ocasiones la situación puede cambiar con medidas superficiales, pero el afectado no puede aplicar esas medidas porque se lo impiden las emociones inconscientes. Entonces cogerá nuestros consejos o los de su sabelotodo interno y los lanzará al viento o los aceptará a medias en su corazón y, de hecho, no cambiará nada. O dirá: «Vale, bien, pero yo no soy la persona adecuada para ello». O quizás empiece a llorar y el bienintencionado consejero, meneando la cabeza o con reproches, le ofrecerá de nuevo su propio punto de vista. Por regla general, los consejos prácticos y estereotipados no tienen demasiado sentido cuando alguien tiene realmente un problema. Tampoco se le puede quitar el problema. Naturalmente se le pueden pautar las cosas, pero de esta manera no se resuelve su problema, por el contrario, se le priva de una oportunidad de descubrir que tiene un problema y de darse cuenta de cómo puede ocuparse de él. No hay problema, existirán otras oportunidades de enfrentarse a él y, entre tanto, quizás esté contento del aplazamiento.

El problema seguirá existiendo mientras no se descubra y se cure la herida emocional que se esconde detrás. Está claro que, una y otra vez caemos en las mismas situaciones, hasta que nos damos cuenta de qué se trata o bien interpretamos los acontecimientos de la misma manera, con lo que da la impresión de que todos se parecen. Como siempre: una y otra vez nos enfrentaremos a los mismos problemas, hasta que nos detengamos y contemplemos el asunto más detenidamente.

Las personas consideran como un problema distintas cosas. Para unos una oportunidad puede ser un problema cuando están desorientados y no consiguen decidirse, para otros cuando se enfadan o tienen miedo, o cuando pierden algo valioso para ellos, cuando desean algo que no pueden conseguir o cuando sienten que les han tratado injustamente, cuando sienten envidia o celos. Para nosotros ninguna de estas situaciones constituiría un problema, pero somos nosotros mismos los que hacemos que lo sean porque no las aceptamos. No podemos aceptarlas porque no hemos aprendido que los celos, la envidia, la confusión, la desesperanza, la tristeza, el deseo ardiente, la rabia, etc. no son más que estados pasajeros de ánimo que sólo hay que sentir correctamente para que cambien. No los podemos admitir porque nos identificamos con ellos. Es decir, cuando estamos enfadados, sólo existe la rabia, y todo el resto de nosotros, todo aquello mayor que la rabia y de lo que podríamos ocuparnos, desaparece. Por eso tenemos miedo de aceptar esos sentimientos y creemos (inconscientemente) que si los asumimos seremos devorados, derrotados, aniquilados, desbordados, arrollados, y por eso los mantenemos en jaque o tomamos inmediatamente medidas para contrarrestarlos.

Así pues, intentamos cambiar la situación o a nuestros congéneres para no tener que seguir enfadados (o cualquier otro sentimiento) o intentamos cambiarnos a nosotros mismos, por ejemplo diciéndonos: «De hecho, no es tan malo. No se por qué me he puesto así. No era eso lo que quería decir».

Sin embargo, la solución consiste en aceptar completamente el sentimiento mientras lo percibimos de forma consciente. Uno retiene la respiración y toma la determinación de reconocer ese sentimiento, aunque sea desagradable. De esta manera puede sentirse sin ser derrotado por él.

Si en lugar de preocuparnos por nuestros sentimientos, simplemente «tomamos medidas» para deshacernos del problema, el sentimiento que ha causado el problema desde su base no cambia. En un primer momento ya no lo percibimos y concluimos que ha desaparecido o que lo hemos vencido. Pero sigue existiendo, precisamente porque no lo hemos sentido. (Si lo hubiéramos sentido habría podido transformarse). Lleva una existencia sombría en las zonas oscuras de nuestra mente. Cuando nos alteramos, detrás hay siempre una historia oculta. No tiene mucho sentido decir –a uno mismo o a los demás–: «¡No te alteres tanto!». Cuando nos alteramos existe un motivo que tiene su sentido. Cuando se ha entendido este punto, lo cual ocurre a través de la propia experiencia, es más fácil mantener un postura de respeto y empatía con las personas que se alteran por algo.

Para conocer la historia que se esconde tras nuestra alteración se necesita una gran resolución, aunque no es lo más importante. Mi amigo me altera porque su comportamiento en la situación X me recuerda a mi padre… Bien. Éste es un dato que arroja luz sobre el asunto y en el plano de la comprensión me saca un poco del caos. Sin embargo, lo más importante es haber encontrado y sentido ese sentimiento oculto tras mi estado alterado. Esto es lo que transforma y resuelve.

Proyecciones

Proyectamos las vivencias que tuvimos en nuestra infancia sobre nuestra pareja y sobre los demás, sobre el mundo en general y sobre nuestra imagen de Dios.

Entonces aprendimos a protegernos de una manera u otra del dolor, y desde nuestra comprensión infantil desarrollamos determinadas convicciones.

Aunque parezca increíble, los mismos mecanismos de protección y convicciones infantiles siguen dominando nuestros pensamientos, sentimientos y comportamientos actuales.

Sea lo que sea a lo que nos enfrentamos, reaccionamos de la misma manera como reaccionamos cuando erigimos esos mecanismos de protección y convicciones. De esta forma, nuestras convicciones básicas infantiles, desde el punto de vista actual anticuadas y erróneas –pero desgraciadamente inconscientes–, son reafirmadas una y otra vez. «El mundo es un lugar donde a uno le hacen daño siempre», pensaba inconscientemente, de manera que lo veía todo a través de la lente de esa convicción y cuando mi compañero me decía «no» cuando quería tener un momento de intimidad con él, cuando mi madre criticaba mi aspecto o mi jefe se reía de mis faltas de ortografía (inconscientemente) pensaba: «¿Ves? ¡Tenía razón! El mundo es un lugar donde siempre te hacen daño. No hay lugar para mí».

Así pues, me alejo un poco más del contacto con el mundo, permito que me toquen todavía menos, para sentir todavía menos, me quedo todavía más sola y sufro todavía más.

Otro ejemplo: si toda mi vida he estado convencida inconscientemente de que no merecía ser amada y, como niña aprendí a defenderme del dolor mediante la arrogancia, ya adulta reaccionaré también con arrogancia siempre que tenga miedo de no ser amada.

Como consecuencia de este comportamiento es probable que sea poco amada.

Si desde pequeña estoy inconscientemente convencida de que no se puede confiar en las personas y he aprendido a mantener siempre todo bajo control para prevenir cualquier traición, como adulta también valoraré todo bajo los ojos de la desconfianza y ejerceré un control tan intenso en mi vida cotidiana que, finalmente, mis congéneres no tendrán otra opción que defraudarme, sólo porque ninguna persona puede soportar de manera continuada el ser controlada.

En realidad, esto es lo que se llama carácter. Wilhelm Reich descubrió la «coraza caracterológica» muscular y creo que el carácter es la forma en que nos defendemos de la vida.

Una coraza es una cosa endiabladamente pesada e incómoda, pero protege de los golpes que vienen de fuera y que podrían lastimarnos. (Si descubres partes de tu coraza, debes prestarles atención y reconocer la protección que te han prestado). Lo gracioso del caso es que las heridas a las que tenemos miedo ya están dentro de nosotros, ya que de otra manera no las temeríamos tanto.

El círculo vicioso del «vaticinio autoalimentado» encuentra su fin cuando descubrimos la herida que se halla en el fondo de todo ello, el dolor del que tan empecinadamente nos hemos protegido y al final nos permitimos sentir el dolor que nos produce esa herida. La curación es vida. Y de esta manera el problema cumple su función.[9]

---

9. Aquí he omitido algo conscientemente. Los problemas tienen otra función más: nos dan el empujón para desarrollar nuevas cualidades, para activar nuevas capacidades y descubrir nuevas posibilidades. Pero ése es otro tema. Quien esté interesado en él puede leer: Pir Vilayat Khan, *Despertar (Erwachen)* (*véase* bibliografía).

El niño que llevamos dentro

En el fondo de nosotros mismos, todos llevamos un niño: inocente, confiado, abierto, lleno de amor y de alegría. Nos ponemos tristes cuando perdemos algo o a alguien. Nos duele sentir que alguien nos rechaza o traiciona nuestra confianza. Nuestros verdaderos sentimientos más íntimos son totalmente infantiles.

Cada uno de nosotros ha aprendido a proteger ese núcleo a su manera. Algunos escondiéndolo; otros, llevándolo a la vista y diciendo a los demás: «Mira, soy tan inocente, tan pequeño y tan vulnerable que no debes hacerme daño». Muchos lo esconden incluso de sí mismos. Cuando están con el agua al cuello y les preguntas si tienen miedo, responden: «¡Qué va! Esto no es un problema [para un adulto como yo]».

Sin embargo, en el fondo seguimos siendo niños. Considero que el hecho de poder aprender a ocuparse de ese «niño interior», de establecer contacto con él y de poder preguntarse qué es lo que necesita para volver a estar contento y participar en la vida, es un descubrimiento importante de nuestra época. Si queremos ser creativos, nuestro niño interior debe implicarse. En este punto no querría extenderme y repetir lo que otros autores han escrito sobre el tema, sino simplemente añadir un aspecto desde la perspectiva de mi trabajo.

Por una parte es muy útil descubrir la parte infantil de nuestra personalidad y comunicarse con ella como con un ser propio. Es útil tomar conciencia de esa parte y para algunas personas es más fácil admitir los sentimientos infantiles si pueden decirse que no se trata de sus propios sentimientos, sino de los de su niño interior.

Sin embargo, no puede abusarse de esta división en niño y adulto con el fin de alejarse de los propios sentimientos. La necesidad de nuestro niño interior es nuestra propia necesidad. Compadecernos y preocuparnos por ella implica sentirla. Cuando decimos: «Ése no soy yo, es mi niño interior», nos impedimos a nosotros mismos sentir la necesidad. Puede tratarse de una argucia para no tener que sentirla. Y esto significa que seguirá sin resolver.

Es posible, que éste o aquel sentimiento pertenezcan a tu núcleo infantil, a tu niño interior. Es posible que incluso ocurra con la mayor parte de tus emociones. Pero ese núcleo infantil eres tú mismo, y sólo tú puedes liberarle del sufrimiento reconociendo sus sentimientos como tus propios sentimientos, sintiéndolos y aceptándolos.

Partes enfrentadas.
La guerra dentro de nosotros

Cuando tenemos miedo y al mismo tiempo retrasamos sentir ese miedo, actuamos de manera equivocada. Nos separamos de nosotros mismos. De pronto dejamos de ser uno y pasamos a ser dos: uno que rechaza el miedo y el otro que tiene miedo. Aquel que rechaza el miedo y que posiblemente se defiende con dureza, rigidez en los hombros y tensión en los brazos, permanece en el círculo de luz de nuestra percepción. Aquel que tiene miedo y baja la cola desaparece del círculo de luz. Seguimos teniendo miedo, pero ya no percibimos que lo tenemos.

Pero en nuestro cuerpo existen dos «estructuras», es decir, dos partes enfrentadas. Con una de ellas, la parte que rechaza el miedo («No tengo miedo» o «Yo = alguien que no tiene miedo») nos identificamos inconscientemente y la otra, es decir, el miedo, nos domina. Y siempre nos domina la parte que rechazamos e ignoramos. Así pues, yo denomino a esas dos partes «partes enfrentadas», ya que intentan reprimirse la una a la otra. Sólo puede existir una de ellas: bien tenemos miedo o bien no lo tenemos. Otras parejas enfrentadas son:

Deseo sexual	Miedo a la unión sexual
Deseo de libertad y armonía	Necesidad de rectitud
Deseo ardiente de libertad	Necesidad de seguridad
Odio	Deseo de ser una persona cariñosa
Odio	Amor (cuando amamos creemos que no podemos odiar a esa persona, de manera que el odio es reprimido)
Pero también:	
Amor hacia X	Amor hacia Y (las convenciones o nuestra idea de fidelidad sólo nos permite amar a X o a Y)
Deseo ardiente de una vida sencilla	Predilección por la posesión de determinadas cosas o privilegios

En tanto no reconozcamos y aceptemos que ambas son partes de nuestro Yo, mientras no les abramos nuestro corazón, seguirán siendo partes enfrentadas. Entonces seguirá siendo válido: o X o Y. Cuando me identifico con la idea o el deseo de ser una persona altruista, reprimiré o negaré mis deseos egoístas. Cuando me identifico con el miedo de que

X me devore, anule o paralice, negaré o reprimiré mi amor por X. Cuando me identifico con mi amor, negaré, obviaré o disimularé mi miedo a ser devorado, reprimido o paralizado.

Así pues, está la parte con la que nos identificamos y la parte que rechazamos. Lo gracioso del caso es que la parte que nos domina es la que rechazamos. Cuanto más actuamos como si no existiera, tanto más puede dominarnos. Cuando reprimo mi atracción hacia X porque tengo miedo de una relación con X, me identifico con el miedo y rechazo la atracción. Esa atracción aparecerá siempre en aquellas situaciones en las que puede conseguir la supremacía, hasta que finalmente me dé cuenta. O estaré convencida de alejarme de X, lo que limitará mi libertad de movimiento. En este caso me veré dominada indirectamente por mi atracción.

Cuando nos identificamos con el deseo sexual, reprimiremos el miedo del sexo. Simplemente lo obviaremos y actuaremos como si no existiera. Entonces, es posible que ese miedo se manifieste en forma de una inflamación que nos impida mantener relaciones sexuales o, como mínimo, nos haga notar que hay algo que nos hace daño. Si tengo una intensa necesidad de armonía y paz y al mismo tiempo una gran necesidad de sinceridad, tendré un problema. En ocasiones, decir la verdad puede significar alterar la armonía y la paz. Entonces, la cuestión es con qué parte me identifico. Si me identifico con la parte de la sinceridad porque representa mi ideal, rechazaré la parte que tiene miedo de los conflictos y que desea armonía y paz. Así pues, me identificaré con una persona que desearía ser sincera, pero estaré dominada por la que teme los conflictos y desea armonía. Cuanto mayor sea mi deseo de decir la verdad, menos capaz seré de hacerlo. Con frecuencia, en las relaciones de pareja existe un conflicto entre el deseo ardiente de libertad y el deseo de seguridad. En este caso he considerado las dos variantes. Algunos están tan fuertemente identificados con su deseo de libertad que reprimen su necesidad de seguridad. Pero precisamente son ellos los que son fácilmente vencidos por esa necesidad cuando establecen una relación y se aferran a ella aunque, en realidad, no desean nada sólido. En el caso contrario, conozco personas que se identifican tanto con su necesidad de seguridad que niegan toda una parte de su personalidad, la que ama la libertad y el caminar en soledad, y viven sólo como la mitad de una pareja. Naturalmente, la parte rechazada boicoteará la relación siempre que pueda o incluso provocará una separación.

La solución consiste en abrir el corazón a ambas partes. Para ello hay que

① Darse cuenta de que existe un conflicto entre dos o más partes.

② Encontrar una autoridad en uno mismo que no se identifique con ninguna de las partes, pero que esté dispuesta a ocuparse de las dos (conciencia neutral, corazón).

③ Separar las partes enfrentadas (como una madre que separa a sus belicosos hijos y entonces los deja hablar a los dos).

④ Prestar total atención a aquella parte a la que en ese momento es más fácil acceder y sólo cuando esté segura en el corazón.

⑤ Prestar la misma atención a la otra parte.

Hay que empezar con la parte con la que más nos identificamos o la que en ese momento está más presente. Permítete por una vez identificarte con ella a propósito. Sé esa parte (mientras le dices a la otra que más adelante será su turno). Déjala hablar si eso te ayuda a conocerla. Experimenta cómo se siente a nivel físico la existencia de esa parte. Determina cómo se siente y lo que necesita de tu corazón.

De esta manera, pueden percibirse conscientemente y aceptarse ambas partes. Así pueden coexistir, ya que en el corazón no hay ninguna lucha. El corazón no sabe de «esto o bien esto otro», sólo sabe de un «y». Fuera del corazón las dos partes son enemigas; dentro del corazón son simplemente dos formas de la vida interior. Esto significa que puedes percibir al mismo tiempo tu miedo hacia el amor y tu amor, o tu odio y tu amor, o tu dolor y tu alegría, o tu amor hacia X y tu amor hacia Y, o tu deseo de ser una persona cariñosa y tu odio, o tu anhelo de libertad y tu deseo de seguridad, o tu anhelo y tu desesperanza...

El miedo y el miedo del miedo

El miedo es uno de los sentimientos con mayor frecuencia negados y camuflados. Ahora me estoy refiriendo al miedo psicológico crónico, no al miedo agudo e instintivo que nos invade cuando notamos que alguien nos quiere empujar a un precipicio. El miedo psicológico crónico es, por ejemplo, el miedo continuado de que alguien pueda abandonarnos o portarse mal con nosotros, o traicionarnos, mirarnos por encima del hombro, ponernos en ridículo, desairarnos o rechazarnos. Todos nosotros sufrimos este tipo de miedos. La mayoría son inconscientes porque son rechazados y negados. Si observas tus pensamientos y tu forma de comportarte podrás descubrir de qué tienes miedo.

Quizás, con frecuencia te sorprendes de que te justificas en tus pensamientos. Entonces, es posible que sientas miedo de tenerte que sentir culpable (y, naturalmente, debajo se esconde un sentimiento de culpa). O bien observas que siempre haces planes para el caso de que tu matrimonio naufrague, tu banco te cancele el crédito o te caiga un rayo. Entonces tienes miedo de estos acontecimientos o bien de cómo te sentirás si se producen. O constatas que siempre te sientas en el borde de la silla y no soportas sentarte en el asiento pegado a la pared. Estás preparado para la huida

(¿hacia dónde?, ¿qué es lo peor que podría pasar si por una vez te dejaras ir?) o bien tienes miedo de sentirte encerrado. Quizás observes también que en tus relaciones amorosas muestras dependencia. En este caso, posiblemente tienes miedo de ser abandonado. O bien huyes en cuanto las cosas se ponen difíciles. Entonces, puede que tengas miedo de ser rechazado. También en muchas situaciones puedes reaccionar con orgullo. Esta reacción puede deberse a que tienes miedo de ser humillado o denigrado. Incluso cuando te enfadas es porque tienes miedo a algo. Para descubrir lo que es sólo tienes que imaginar cómo te sentirías si tuvieras que renunciar a enfadarte. ¿Quizás te sentirías injustamente tratado? ¿Humillado? ¿Traicionado?

Algunas personas hacen todo lo posible por ser fuertes y duras para no tener miedo de nada. En su caso pasa como en el chiste de los dos gigantes que están frente a la autopista y observan a los coches que pasan ante ellos como el rayo, y el uno le dice al otro: «Por fuera son duros, pero por dentro son blandos y deliciosos». Por fuera duros y por dentro tiernos. Los hombres y las mujeres fuertes que asisten a mis talleres con frecuencia son en realidad seres especialmente tiernos y temerosos. Hay que tratarlos con delicadeza cuando se trata de ayudarles a descubrir sus sentimientos. Precisamente, tienen un miedo mortal a descubrir en sí mismos emociones como por ejemplo el miedo. Tienen miedo del miedo. Y por eso ante ellos mismos y los demás actúan como si no conocieran el miedo.

Así pues, existe el miedo del miedo y también el miedo en sí mismo, el miedo de perder el sentido, fracasar, de no ser reconocido, etc. En este caso lo primero y, en un principio, lo único que debe reconocerse es el miedo al miedo. La persona debe descubrir que tiene miedo de su miedo y permitirse conscientemente ser una persona que no querría sentir ningún tipo de miedo, porque le da miedo. Se trata de un primer paso. Parece pequeño, pero es muy efectivo, ya que proporciona alivio y relajación. Una parte de la lucha interior queda cubierta. La persona puede respirar. Puede sentir lo que de todas maneras siente (en lugar de negarlo y reprimirlo). Todo lo demás acontece más adelante por sí solo.

Yo misma experimenté el miedo por el miedo de tres formas distintas:

Primera variante: «Una vez admita ese miedo, éste me invadirá, entonces me tendrá bajo su control, se acabará todo, se hará realmente peligroso, todo se derrumbará, ya no tendré nada bajo control porque el miedo me habrá puesto fuera de mí». Pero en realidad sucede lo contrario. Mientras no sienta conscientemente mi miedo, existe el peligro de que la cosa se ponga peligrosa de verdad. Ya que el miedo, como cualquier otro sentimiento reprimido, hará todo lo posible para llamar la atención y si no lo siento voluntariamente, me pondrá en situaciones en las que no tendré más remedio que sentirlo. En realidad, no se trata de dejarse vencer por el miedo, sino de sentirlo conscientemente mientras sentimos nuestra respiración y observamos.

Segunda variante: «No tengo miedo de XY, pero no quiero saber nada de eso, no quiero pensar en ese miedo ni en broma, porque si lo hago XY se hará real». Esto es una especie de superstición. Mejor no pensar en ello y así tampoco pasará. Pero en realidad es lo contrario. Precisamente, al reprimir mi miedo (y el dolor al que tengo miedo), existe la tendencia a que se produzca el suceso que tememos (*véase* primera variante).

Tercera variante: «No quiero saber nada de ese miedo, porque si lo miro tendré que mirar qué es lo que me da miedo y eso es algo que no quiero hacer. Hace demasiado daño. No quiero tener nada que ver con eso. No conozco ese miedo». También en este caso, en realidad sucede lo contrario, *véase* arriba. Ejemplo: tengo miedo de perder a alguien. El miedo ante el dolor de la pérdida o la separación es grande. Inconscientemente me imagino que no resistiría ese dolor. Para no sentir ese dolor, evito pensar en ese miedo y actúo como si no existiera. Pero es muy grande. De cualquier modo debo evitar una separación o pérdida. Para ello, mi Yo temeroso intenta acumular fuerza. Así pues, puede que vigile a esa persona que no quiero perder o me aferro a ella, tengo un comportamiento dependiente, etc. En cualquier caso, con toda seguridad haré, diré e irradiaré cosas que impulsarán a esa persona a huir.

Si por el contrario siento conscientemente mi miedo, éste dejará de dominarme. Entonces, quizás podré hacer algo que antes me resultaba imposible, como por ejemplo permitir que esa persona se vaya sola de vacaciones. Mientras lo decido, es posible que el miedo me haga temblar, pero no me identificaré con ese miedo. No seré ese que tiene miedo, sino el que percibe el miedo. Hay una gran diferencia. Para mí supone la libertad. Si además me arriesgo a sentir el dolor que provocaba el miedo, en este caso el dolor de ser abandonado o de la separación, entonces seré libre. Ya habré sentido lo peor. ¿Qué más tengo que temer?

Volvamos a ocuparnos de las personas fuertes, armadas. Al esconder nuestro tierno interior bajo una coraza, lo cual todos hacemos en mayor o menor medida, nos distanciamos de nuestros propios sentimientos. Sin embargo, nuestra parte más vulnerable, la cual consideramos bien protegida, está todavía más desprotegida porque no la sentimos, es decir, no estamos con ella con nuestra atención, nuestra presencia y nuestra respiración. La dejamos en la estacada. Todo lo que incide sobre ella lo hace sin la protección de nuestra presencia, y somos heridos una y otra vez sin ni tan siquiera saberlo.

Supongamos que inconscientemente sufres el dolor de la humillación. La humillación hace daño y cuando sufriste la primera herida eras demasiado pequeño para manejar la situación. Por ese motivo has hecho desaparecer el dolor de tu percepción. Todo lo que quedó atrás es un gran miedo al dolor, pero tampoco eres consciente de ese miedo. Sin embargo todo lo que haces se basa en ese miedo, para no ser humillado otra vez. Te haces fuerte, te haces duro. Eres el primero en pegar. Cuando no puedes hacerlo porque el otro es más fuerte, te rindes enseguida, para evitarte la humillación. Tienes tendencia a reaccionar con orgullo, dureza, ironía o agudeza ante los comentarios que otro ha hecho con indiferencia, humor o distensión. Inconscientemente interpretas esos comentarios como algo que te hace sentir humillado e intentas protegerte con tus reacciones de ese dolor. De lo que no te das cuenta es de que ese determinado comentario incide sobre tu parte más sensible y vuelve a herirte porque nunca has sentido ese dolor.

Si hubieras estado despierto y consciente ante tus sentimientos hubieras sentido el dolor conscientemente y, en lugar de devolver el golpe, habrías estado ahí para ti mismo con atención compasiva. ¿Si encuentras a tu hijo pequeño en el patio llorando, herido y sangrando, te pararás a hablar con los compañeros de juegos que se han metido con él? No, lo primero que harás es coger a tu hijo en brazos, consolarlo, preocuparte por sus heridas y, sólo después, quizás tendrás unas palabritas con sus compañeros.

Preocuparse por uno mismo y sentir el dolor antes de reaccionar es algo que ocurre en cuestión de segundos y de manera totalmente inadvertida cuando nos encontramos en una situación de la que no podemos escapar.

En ocasiones, Esther, en la alegría del enamoramiento, juega a un juego con Paul. Cuando quiere que le dé un cigarrillo le bromea pidiéndole un «precio». La moneda son los besos. Hasta ahora él siempre ha entrado de buen grado en el juego. Como siempre, él le pide un cigarrillo. Esther esconde la cajetilla detrás de su espalda y pide el precio, pero él se limita a sacudir la cabeza. Con un gesto de impaciencia le deja claro que debe acabar con la bromita y darle el cigarrillo. De pronto todo desemboca en una lucha de poder. Esther sabe que va a perder y Paul también lo sabe y ella sabe que él lo sabe, que dado el caso él puede ser más fuerte e indiferente. Al final Esther se rinde. Mientras él fuma su cigarrillo y lee el periódico, ella se siente herida, alterada y muy, muy rabiosa. Esther está suficientemente despierta para sentir conscientemente su rabia. Se pregunta: «Bien, ¿qué ocurriría si dejase a un lado la rabia?». Enseguida, se produce una corriente de pensamientos. Mira relajada la habitación, la vivienda, la relación. «¿Y si también dejo todo eso a un lado? ¿Si dejo de huir y permanezco aquí y no me pongo rabiosa? ¿Qué pasaría?... Oh, duele. Esto es humillación. Entonces me siento humillada. ¿Puedo aceptar el sentirme humillada?». Se precisa un momento de superación, pero Esther se acuerda de «respirar, admitir conscientemente, conocer» y con ello consigue admitir conscientemente el dolor de la humillación. Pasado un rato el drama desaparece, una sensación de serenidad la invade y súbitamente la sacude un presentimiento. Paul también se ha sentido humillado por su forma de pedirle un «precio» por los cigarrillos.

El hecho de que expulsemos ciertos sentimientos de nuestro corazón y nuestra conciencia no es simplemente un error o una tontería. En el momento en que la represión tiene lugar por primera vez, se trata sólo de una cuestión de legítima defensa. No podemos hacer otra cosa. Es la única manera en que podemos manejar la situación. Más adelante, la represión se produce automáticamente y durante mucho tiempo cumple una necesaria función de protección en nuestra vida, hasta que alcanzamos la suficiente madurez para enfrentarnos a nuestro dolor sin que logre vencernos.

Por otra parte, la represión también tiene una parte positiva. No sólo negamos cualidades negativas para no tener que sentir el dolor (dureza, crueldad, cinismo, ironía o superficialidad, indiferencia, frialdad, sumisión, dominancia, dependencia, tendencia a huir, ingenuidad, retraimiento, para citar sólo algunos ejemplos), sino también positivas. Ambición, poder, músculos fuertes, fuerza de voluntad, inteligencia, discernimiento, talento, picardía, sensatez, sofisticación, diplomacia, capacidad de adaptación, creatividad y otras capacidades son las que desarrollamos a partir de nuestro empeño en protegernos del dolor. Así pues, no quiero afirmar que la represión de los sentimientos no tenga ningún sentido. Probablemente, todo tiene un sentido porque de no ser así no existiría. Pero llega el día en que se tiene el deseo de acabar con ello, y después el día en el que nos damos cuenta de lo bueno que es acabar con ello. Muchas personas, sobre todo hombres, vienen a mis seminarios porque tienen el deseo manifiesto de «aprender a sentir». En realidad no saben muy bien qué es eso, pero sospechan que el hecho de sentir hace más vivo y feliz que no sentir.

Aprender a sentir

Ciertamente, tenemos que aprender a sentir, ya que lo hemos olvidado. No es mi propósito ahora describir cómo puede aprenderse, puesto que ya lo he hecho en los capítulos anteriores. Simplemente me gustaría añadir algunos aspectos y subrayar otros porque hay muchas personas que se sienten inseguras en este tema.

«¿Cómo puedo saber que realmente siento un sentimiento y no sólo pienso que lo siento?», me preguntaron hace poco en una de mis conferencias. Algunos de los asistentes rieron porque pensaron que era una pregunta tonta, pero el que la planteó lo hizo seriamente. Sentir es algo que tiene lugar en el cuerpo. Mientras esté sólo en la cabeza no es sentir, a no ser que se trate de la parte del cuerpo en la que el sentimiento está establecido (por ejemplo con un dolor de cabeza como manifestación de una presión emocional). Mientras tu ira sea sólo un pensamiento, no la estarás sintiendo.

Cuando sientes la furia en el estómago, la tensión en los brazos y la energía concentrada en tu mandíbula y reconoces que ésa es toda tu rabia, entonces sientes esa rabia. Si además lo combinas con una respiración consciente, sentirás la rabia conscientemente. Si piensas: «Deseo tanto a Helmut (o Constanze o Boris o sea a quien sea); ¡ay, si estuviera aquí!», se trata de un sentimiento y te identificas con él.

Sólo cuando sube hasta tu pecho y vives en el corazón el sentimiento doloroso y reconoces el deseo ardiente, has conseguido sentir. Si además aceptas conscientemente ese sentimiento mientras respiras, entonces sentirás tu deseo ardiente, aunque probablemente sigues identificado con él. Sólo cuando te preguntas qué es lo que ese deseo necesita de ti, qué puedes hacer por él y cómo puedes ocuparte de él, te liberarás de la identificación. Precisamente es en ese momento cuando tomarás aire y sentirás alivio. En ese instante se abre tu corazón.

A algunas personas les resulta difícil reconocer lo que sienten, pero no tienen ninguna dificultad para percibir conscientemente el estado corporal ligado a su problema. Así por ejemplo, alguien piensa en los números rojos de su cuenta porque quiere estudiar su problema financiero y siente cómo su estómago se contrae. Respirar, sentir la contracción, ningún problema. Entonces intenta prestar atención a su espasmo y establecer qué sentimiento se manifiesta en ese lugar, pero no lo encuentra. Sólo la contracción del estómago. «¡No siento nada!», se queja. «Sólo que mi estómago está contraído».

Pero precisamente es eso. El espasmo del estómago es el sentimiento. Cuando cogemos aire con atención exclusiva y empatía hacia ese estómago contraído, hasta hacerse literalmente uno con él y permanecer allí pacientemente, sin buscar una salida a ese estado, en algún momento surge el «ah» y se reconoce la emoción, en este caso, el miedo.

Así pues, se necesita paciencia, y la respiración desempeña un papel importante. Yo intento mantener mi atención en la respiración. Mi atención precisa de la respiración como instrumento y se hace una sola con la respiración. La respiración es lo que llega con atención hasta la zona del cuerpo contraída y la toca con mi presencia y mi amor.

Pero en ocasiones sucede que yo tampoco percibo de qué sentimiento se trata. (Es importante reconocer el sentimiento, ya que no se puede abrir el corazón a un estado corporal sin nombre y no comprendido). En ese caso dispongo de las siguientes posibilidades:

① *Paciencia.* Simplemente me dirijo una y otra vez a la parte que sufre, cada día durante un par de minutos. Antes o después descubriré el sentimiento.

② *Revisar la forma de aproximarme.* ¿Cómo me aproximaré más al sentimiento? ¿Con un acercamiento amistoso o bien hostil? ¿Qué haré una vez lo descubra? ¿Querré acabar con él lo más rápidamente posible (en la aproximación hostil o el rechazo naturalmente se disimula) o estoy dispuesto a prestarle comprensión y respeto?

③ *Desistir.* Desisto de mi intento de descubrir de qué sentimiento se trata y me concentro en atender la zona del cuerpo afectada.

④ *Tomar el atajo.* Tomo el atajo incluso antes de saber qué sentimiento se está manifestando en la correspondiente zona tensionada. Es decir, me olvido del agarrotamiento mientras pienso en mi problema y observo lo que ocurre. En el ejemplo del problema económico/espasmo de estómago esto significa: sigo pensando en mi cuenta bancaria y relajo mi estómago. ¿Qué ocurre? Quizás aparezca una imagen de acontecimientos espantosos que me superan (el banco cancela mi crédito, las facturas se me acumulan, me embargan mis bienes). Entonces sé que el espasmo de mi estómago es el miedo ante estos acontecimientos, o bien ante el sentimiento que éstos me provocarán.

⑤ *Aplicar la razón*. En ocasiones utilizo mi razón para descubrir el sentimiento. Describo el síntoma con la mayor precisión posible y traduzco mi propia descripción en hechos mentales. «Mi estómago se contrae mientras pienso en él» (¿miedo?, ¿terror?), «mi nuca está rígida», (¿terquedad?), «no oigo nada», (¿qué es lo que no quiero oír?), «tengo la nariz tapada», (¿tapada con qué?), «estoy lleno de verrugas como un sapo», (¿sentimiento de ser odioso?»), «mis brazos cuelgan inertes» (¿desaliento?, ¿resignación?, ¿pena?), etc. Sin embargo, hay que actuar con mucha precaución y estar siempre atento por si la formulación funciona. Notaremos si hemos encontrado las palabras que coinciden con el sentimiento en la zona del cuerpo correspondiente en que se produce una especie de sensación de alivio (que puede manifestarse por ejemplo en forma de llanto), ya que la parte que soporta el sentimiento finalmente ha sido percibida. ¡Pero el reconocimiento del sentimiento no significa todavía sentirlo! El reconocimiento se produce en la cabeza en el orden siguiente:

- reconocimiento y nominación del sentimiento,
- vuelta al cuerpo,
- respirar, sentir,
- aceptar conscientemente el sentimiento,
- descubrir cómo es sentirlo,
- preguntar qué necesita el sentimiento del corazón.

Los más listos son también
los represores más listos

Tu miedo es tan inteligente como tú, ya que es una parte de ti mismo. Cuanto más inteligente o astuto seas, tanto más inteligente o astuta será la parte de ti que tiene miedo y tanto más evidentes, ladinos, refinados y racionales serán los argumentos para disfrazar sus verdaderos sentimientos (de los que tiene miedo). Esto también ocurre así en el caso de la inteligencia espiritual. Cuanto más conocimiento espiritual tiene una persona —y no me refiero sólo a los adquiridos, sino también al verdadero conocimiento interior—, tanto más amplio es el repertorio de argumentos espirituales con los que puede disimularse el miedo, para pasar por un razonamiento elevado. Así pues, con frecuencia no es nada fácil trabajar con personas muy inteligentes y que tienen grandes conocimientos. Como todos nosotros tropiezan con sus propios argumentos, pero esos argumentos son todavía más tentadores que los de las personas que saben menos. No obstante, en el punto de «tropezar con sus propios argumentos» son tan tontos como los menos inteligentes.

Afortunadamente, podemos encontrar de nuevo el sentimiento reprimido, disfrazo con los argumentos de la razón, en el cuerpo (y el cuerpo no miente). Por eso mi trabajo se centra en el cuerpo y no en la razón.

Así pues, si te encuentras entre las personas que son muy inteligentes o que tienen un gran conocimiento espiritual, harás bien en ceñirte al método, para no caer en el peligro de utilizar tu conocimiento para engañarte a ti mismo. Lo mismo recomiendo a todos aquellos que han entrado en contacto con otros métodos terapéuticos o esotéricos, en los que se trata del descubrimiento de los propios sentimientos. Sean cuales sean tus conocimientos, inicia este camino como principiante. Empieza desde cero, aunque creas descubrir similitudes con algún método que ya conoces. En mis seminarios compruebo con frecuencia que aquellos que llegan al método frescos y nuevos, con «espíritu de principiante», consiguen resultados mucho mejores que quienes piensan que conocen algo similar o han dado pasos con otros métodos. Este camino no tiene recovecos: percibir completamente el sentimiento (es decir, física, mental y espiritualmente) y aceptarlo del todo (abrir el corazón). Respirar conscientemente. Cualquier añadido frustra el éxito, lo mismo que cualquier omisión. Al principio, lo mejor es seguir el siguiente esquema al pie de la letra:

- pensar en el problema,
- mirar lo que ocurre en el cuerpo,
- adentrarse en la zona del cuerpo dolorosa con la respiración y atención,
- respirar,
- conocer,
- descubrir el sentimiento,

- aceptar conscientemente el sentimiento (¡respirar!),
- descubrir qué necesita el sentimiento del corazón.

Más adelante es posible que encuentres tu propia manera para seguir el camino o ayudarte, cuando esta técnica no te funcione.

La lucha entre el corazón y la razón

La lucha entre el corazón y la razón parece desempeñar un papel importante en nuestro mundo: «Mi corazón dice…, pero mi razón no está de acuerdo». No sólo hay muchas personas que están convencidas de que esta lucha tiene lugar en su interior, sino que también nuestros problemas colectivos parecen estar determinados en cierta medida por ella. Por ejemplo, nuestro corazón colectivo dice que en los países industrializados occidentales tiramos suficientes alimentos como para poder alimentar a todos los pueblos que pasan hambre, pero nuestra razón colectiva, representada por expertos, nos dice que no puede ser porque sería demasiado caro. Nuestro corazón se siente mal porque circulamos con coches que contaminan el aire que respiramos, pero nuestra razón nos dice que no puede ser de otra manera. Nuestro corazón no podría aceptar nunca que se arrojaran bombas contra personas y animales, pero las personas con raciocinio dicen que desgraciadamente es necesario.

Sin embargo, todo el mundo sabe que esa razón o esa lógica que se cita con tanta frecuencia, en realidad, es controlada por el poder o los intereses económicos de determinados grupos. Pero eso no es del todo cierto. Detrás de todas esas locuras, también estamos nosotros con nuestros sentimientos reprimidos y, en último extremo, nuestros miedos. Como siempre, se utilizan argumentos aparentemente lógicos para explicar por qué, algo que todos sabemos dentro de nuestro corazón que no tiene sentido, tiene que ser necesariamente así por motivos lógicos. Algo parecido ocurre en nuestro interior. Cuando el corazón se opone, lo que se esconde detrás de la «razón» o la «lógica» es, en realidad, una subdivisión mental que sigue los propios intereses.

Sea cual sea el complejo inconsciente de sentimientos y pensamientos que parece responsable de que la razón se oponga al corazón, la fuerza motriz es siempre el miedo. Nunca es nuestra lógica la que impide que sigamos la voz de nuestro corazón, sino siempre nuestro miedo. Nunca es la razón la que nos impide mirar profundamente dentro de nuestro corazón y encontrar la verdad sobre una relación, una situación, un hecho, sino siempre nuestro miedo. De la misma manera, nunca es la razón la que nos impide seguir los dictados de nuestro corazón, sino el miedo.

Tu corazón es el núcleo innato de tu ser, es el lugar donde eres completamente tú mismo y al mismo tiempo te une a todo lo que es. Aquello que, como la Biblia dice, «piensas en tu corazón» es aquello que realmente piensas. Aquello que sientes en tu corazón, son tus verdaderos y más íntimos sentimientos. Aquello que desea tu corazón es lo que realmente deseas. Aquello que sabes dentro de tu corazón es la sabiduría interior que sientes en el centro de tu ser. En el corazón habita tu verdad. Y, naturalmente, no existe nada más bello, nada más sencillo ni nada que nos contente tanto como vivir nuestra propia verdad, aquello que sentimos y sabemos que no nos incumbe sólo a nosotros mismos, sino que es lo correcto. ¿Cómo puede ser que nuestra razón se oponga a ello?

Naturalmente, esto tiene que ver en primer lugar con que hemos aprendido a pensar con la razón y no con el corazón. Sin embargo, las posibilidades de la razón son limitadas. La razón no es nada más que un instrumento programado en una determinada forma de trabajar (lógica, asociación), que en razón a esta lógica intenta reconocer y clasificar las percepciones sensoriales, que bajo la luz de lo que nos aporta les da sentido. Así pues, lo que llevamos a cabo con ayuda de la razón sólo es relativamente válido. Ya que, en primer lugar, el horizonte de nuestra percepción es limitado y, en segundo lugar, la lógica de nuestra razón sólo es una forma posible de explicar las cosas.

Cuando la dejamos, nuestra inteligencia también puede trabajar de otras maneras. Puede conectar el modo «reconocer directamente» o «saber directamente» (es decir, por intuición, sugestión, corazonada) o tomar una perspectiva más elevada y mirar cómo se ven las cosas desde allí (meditación). Puede conectar el modo «actividad», en lugar de permanecer en el modo «pasividad» como habitualmente, es decir, puede proyectar o crear realidades a partir de sí misma, ser creativa, en lugar de interpretar lo que llega hasta ella. Y, finalmente, podemos supeditar nuestra inteligencia a nuestro corazón, el centro emocional, empático y sabio de nuestro ser.

Me gustaría explicar este punto con el ejemplo «escribir un libro»: cuando conecto la función «intuición» y de esta manera doy rienda suelta a mi inteligencia, vacío mi cabeza, sintonizo con el tema y escribo lo que me va surgiendo. Después compruebo sorprendida mi propia sabiduría. Cuando conecto la función «razón» y doy rienda suelta a mi inteligencia, se desata un torrente de sabiduría sobre el papel. Entonces escribo todo lo que sé y he experimentado sobre el tema y después lo ordeno, comento y explico de acuerdo con mi forma de pensar. Cuando conecto la función «corazón» y doy rienda suelta a mi inteligencia, compruebo todo lo que escribo para ver si está de acuerdo con mi sabiduría y conciencia más íntimas. Además, llego al corazón de aquellas personas que lo leen, aunque no las conozca. Pongo mi corazón en ello.

Si mi corazón dice dónde debe ir, mi intuición me lleva allí y aplico mi razón siempre que sea necesario para entenderse con las circunstancias y las personas, todo va mejor. Entonces soy una y siempre en el lugar correcto. Ése es el estado ideal. Sin embargo, en la mayoría de los casos la realidad es otra. Somos seres divididos. Existen partes de nosotros mismos a las que decimos: «Tú no eres yo, tú no formas parte de mí». Esto significa que a otras partes les decimos: «Tú eres yo». Pero el Yo que tiene miedo también forma parte de mí, aunque el Yo con el que me identifico no conozca el miedo. El Yo miedoso necesita la comprensión tanto como el Yo no miedoso. Cada una de esas partes tiene sólidos argumentos. Esto provoca interminables discusiones y conflictos que sólo podrás resolver si escuchas a ambas partes, sin que a su vez tomes partido, y las escuchas y sientes tan bien que finalmente eres capaz de abrirle a ambas tu corazón. Entonces vuelve la paz y oyes la voz de tu corazón.

Sin embargo, muchas veces sabemos exactamente qué dice nuestro corazón, pero no confiamos en realizarlo. Si en lo más profundo de mi corazón deseo ardientemente atravesar el desierto montada en un camello, es posible que tras el deseo de esa experiencia también exista el miedo de realizarla. Esto no supondría en sí mismo ningún problema si diera un lugar en mi corazón a ambos, tanto al deseo como al miedo. Entonces, podría descubrir qué seguridad por mi parte necesitaría la parte miedosa para que estuviera preparada para embarcarse en la aventura.

O bien, podría intentar encontrar un camino hasta el profundo deseo que se esconde tras la idea del camello y el desierto. Entonces, quizás llegara a algo que puedo realizar sin exigir demasiado a la parte miedosa. Sin embargo, lo que generalmente ocurre es esto:

- Mi corazón desea X.
- Por algún motivo, la idea de tener o ser X siempre me provoca miedo.
- No obstante, me identifico con el deseo ardiente de X. No quiero tener miedo.
- Así pues, el miedo pasa a la clandestinidad y ofrece resistencia. Como tampoco es tonto, moviliza todo tipo de argumentos lógicos por los que sería mejor que me olvidara de X.
- Resultado: sigo deseando a X, pero es ilógico seguir ese deseo, así que mejor lo dejo.
- Al final todos son infelices: el deseo ardiente porque ha sido enterrado (la consecuencia es una pérdida de alegría de vivir y vitalidad); la parte miedosa, porque aunque ha ganado, hubiera sido más feliz si la hubiera tenido en cuenta conscientemente y le hubiera dado aquello que necesita de mi corazón, y yo misma, es decir, el resto de mí, ese ser lógico, deslavazado, desilusionado, con el que ahora me identifico, porque he perdido alegría de vivir y empuje.

Si en lugar de ello hubiera admitido conscientemente ambas partes, el deseo ardiente y el miedo, me hubiera encontrado con el dolor del que el miedo quería protegerme y hubiera tenido la oportunidad de sentirlo conscientemente. De esta manera hubiera curado el miedo a ese dolor y podría haber llegado libremente hasta el corazón para ver cómo hubiera sido.

Así pues, la moraleja de este capítulo es:

① Nunca te dejes engañar por tu razón. Pregunta siempre quién se esconde detrás e intenta después conocerle tan bien como puedas y comprender que puedes abrirle el corazón.

② No entierres nunca tu deseo bajo argumentos lógicos. Esto implicaría que desde ahora estás empezando a cavar tu tumba. Preocúpate mejor por tu miedo y descubre cómo puedes seguir tu deseo ardiente sin dejar en la estacada o exigir demasiado a tu parte miedosa.

③ Dale conscientemente a tu deseo un lugar en tu corazón, en lugar de identificarte con él. Dale conscientemente a tu miedo un lugar en tu corazón, en lugar de identificarte con él. Y deja que tu razón más elevada encuentre una solución inteligente.

④ Si sabes algo dentro de tu corazón, en lo más profundo de tu interior, no lo rebatas nunca con argumentos razonados. Mejor pregúntate de qué tienes miedo y cómo puedes ocuparte de ese miedo.

⑤ Cuando en tu interior varias voces entran en conflicto, no busques una solución de manera espasmódica. Aprende a conocer y comprender bien a todas las partes implicadas, de manera que seas capaz de abrir tu corazón a cada una de ellas y deja en manos de la sabiduría de la vida el encontrar una solución.

⑥ ¡Ante todo, deja de buscar soluciones! Permite que todo sea como es y vive el problema atenta y conscientemente. Verás como en él mismo está la solución.

Decisiones

En esta cuestión es válido todo lo que he expuesto en el capítulo anterior. Sin embargo, me gustaría añadir algunos puntos que se refieren específicamente al tema de la toma de decisiones.

① Es tu vida. Puedes hacer con ella lo que quieras. Es tuya y es corta. Sé consciente de que cada momento puede ser el último. Imagina que un médico o un profeta en el que confías te dice que te queda un corto espacio de tiempo (por favor, pon el número de días u horas). ¿Cómo decides? Ésa es la voz de tu corazón.

② Es posible que conozcas la voz de tu corazón, pero no puedes seguirla porque, por un lado, tienes miedo de las consecuencias o, segunda posibilidad, porque existen motivos externos reales que lo hacen imposible. A pesar de todo, parte de la base de que tu corazón sabe lo que hace. En el primer caso, siente el miedo de manera totalmente consciente y descubre qué es lo que necesita de ti. En el segundo caso, descubre cómo te sientes ante esa imposibilidad (piensa en el deseo y la imposibilidad de realizarlo, siente las reacciones corporales, descubre el sentimiento que existe) y compadece a ese sentimiento (decepción, resignación, tristeza, pena o rabia), dándole lo que necesita de tu corazón (comprensión, etc.). Después de conocer las partes interiores implicadas en el caso y acogerlas en el corazón, espera. La vida te mostrará una senda.

③ Pero quizás en tu cabeza domina un coro de voces y no tienes ni idea de qué voz corresponde a qué parte o a tu corazón. En este caso retrocede hasta el paso 1 y, si no funciona, prueba con el siguiente consejo de la maestra de zen Charlotte Joko Beck: cuando no sabemos qué decisión tomar, como dice esta sabia mujer,[10] podemos partir de la base de que en realidad la decisión hace tiempo que se tomó y que nosotros todavía no nos hemos dado cuenta. En este caso, sólo debemos observar nuestros pensamientos durante un rato. Éstos nos revelarán cuál es la decisión que en realidad ya se ha tomado. En una de las decisiones más trascendentes de mi vida utilicé este truco y puedo confirmar que funciona. En ocasiones, también procedo así en decisiones menos trascendentes: en lugar de reflexionar sobre qué tengo que decidir, escucho en mi interior para descubrir qué decisión ha sido ya tomada. Por regla general, encuentro una y dejo de luchar contra ella.

④ No existen decisiones «correctas» y decisiones «incorrectas», sobre todo desde una perspectiva elevada. «Correcto» o «falso» sólo existe en el sentido de éste o de aquél. Si, por ejemplo, persigo un determinado objetivo, en un cruce u

---

10. Charlotte Joko Beck, *El zen en la vida cotidiana (Zen im Alltag)* (véase bibliografía).

otro puedo tomar el camino equivocado. Así pues, a la pregunta «¿es correcto que ese hombre se case?» sólo existe la contrapregunta: «¿correcto en qué sentido?». Así, no te pares a pensar qué decisión es básicamente la correcta, y en lugar de eso comprueba si la decisión te acerca a tu objetivo. Si en este caso no persigues ningún objetivo concreto, comprueba si la decisión te acerca a tu objetivo principal, el cual siempre existe.

⑤ Pero lo más seguro y sencillo es: pregúntale a tu corazón. Imagina que todo el universo estuviera ahí sólo para cumplir tus deseos, una institución única de cumplimiento de deseos sólo para ti. No habría nada prohibido, nada sería irrazonable, todo sería posible. ¿Qué decidirías? Comprueba que realmente es exactamente la decisión que tomarías si todo fuera de ese modo. De ser así, se trata de la voz de tu corazón.

⑥ Finalmente, un último truco para cuando no sabes qué decisión tomar: toma la perspectiva del lecho de muerte. Si eliges X, ¿cómo lo considerarías más adelante en tu lecho de muerte? ¿Dirías: «Ah, tendría que haber escogido Y»? ¿Y si eliges Y? ¿Con qué decisión estarías contento en el lecho de muerte?

⑦ Si a pesar de todo todavía tienes tus reparos, ponte una fecha límite. No una fecha elegida arbitrariamente, sino que tenga un sentido para ti. Si se trata de algo que debes decidir el miércoles que viene, dite: «El miércoles por la mañana lo sabré». Asegúrate de haber estudiado todas las posibilidades y examinado tu interior a conciencia, es decir, que has hecho tu trabajo, y deja reposar el asunto. El miércoles por la mañana lo sabrás. Si no es así, haz algo. Es igual qué, lo importante es que lo hagas. «Nuestro destino como personas es aprender, tanto en lo bueno como en lo malo... La persona erudita vive en tanto en cuanto actúa y no en tanto reflexiona sobre actuar. El erudito elige el camino con el corazón y lo sigue... Sabe que su vida acabará más pronto o más tarde».[11]

---

11. Carlos Castaneda, *Una realidad aparte* (*véase* bibliografía).

Inflamaciones y conflictos

Con frecuencia, las inflamaciones del cuerpo son causadas por conflictos no solucionados. La zona del cuerpo en que aparece la inflamación puede darnos una pista sobre el motivo del conflicto. He vivido esta experiencia en mí misma y la he observado en los demás. Sin embargo, no querría generalizar o enunciar una teoría sobre ello.

Cuando aparece una inflamación en mi cuerpo, no me suele dar por interpretar lo que puede significar, sino que entro con mi conciencia en el núcleo de dicha inflamación. Entonces, experimento el conflicto implicado en el plano físico, bajo la piel.

Cuando ya tengo puesta toda mi atención en la zona inflamada, sin distraerme, según el tipo de inflamación experimento un estado de irritación, ardor o picor y cuando admito esta sensación es cuando descubro su parte emocional. Yo misma soy la que estoy irritada, en mi interior está ese ardor, el picor no se limita sólo a esa parte de mi cuerpo, sino que está en mí misma.

Si la experiencia pura del estado no me ayuda a entender qué es lo que arde, lucha y pica dentro de mí, echo mano de la razón, teniendo en cuenta con qué parte de la vida está relacionada la zona del cuerpo afectada por la inflamación.

Por ejemplo, es obvio que una inflamación en el aparato genital tiene que ver con un conflicto en algún aspecto de las relaciones sexuales. Vengan de donde vengan los agentes patógenos, en el interior de esa persona domina un conflicto relacionado con sus relaciones sexuales que quiere ser resuelto.

Rita[12] explica:

Mi pareja y yo tenemos una relación de «pareja de fin de semana», porque vivimos en ciudades distintas. Pero por primera vez viene no por un par de días, sino por algunas semanas y yo estoy luchando con una vaginitis.

Quiero librarme de la inflamación antes de que llegue, pero antes de ir al médico, quiero mirar por mí misma qué es lo que pasa. Tiene que existir un motivo para esta inflamación.

Me concentro en la sensación que tengo en la vagina. Está irritada. Mientras observo esta sensación de irritación, de pronto, siento rabia. Aparecen imágenes en las que estoy pegando a mi pareja. Es evidente que quiero defenderme de él. En mi visión interior él aparece como un tanque, un bastión, contra el que topa mi voluntad.

Me doy cuenta de que precisamente ése es el motivo por el que me defiendo tan desesperadamente: el hecho de que durante mucho tiempo él ha impuesto su voluntad. Él me domina completamente, y tan pronto me doy cuenta de ello cejo en mi lucha, me rindo, me invade la debilidad y la resignación.

---

12. He cambiado los nombres de los textos facilitados por los participantes en mis talleres, así como el texto cuando haya sido necesario estilísticamente.

Aparecen nuevas imágenes y sentimientos. Ahora me siento como alguien al que se le ha roto la columna vertebral, débil y sin voluntad. Y entonces, mis imágenes interiores me muestran que es justamente él el que me pone de nuevo en pie y me da fuerzas y yo tengo que sentirme agradecida. Todo ello lo veo mientras sigo sintiendo mi vagina y mi respiración. Entonces, intento seguir el «atajo» de Safi: ¿qué pasaría si dejara de lado la debilidad y la resignación?, ¿si simplemente me quedara ahí y no me retirara? Entonces, en mi visión, mi pareja sorprendentemente da un paso a un lado, de manera que el camino queda libre para mi propia voluntad... Pero entonces aparece el miedo. Miedo ante ese nuevo y desconocido estado. Ese miedo, me doy cuenta, necesita mi comprensión y la autorización para existir. Censuro el hecho de que conscientemente me he dado permiso para rendirme porque tenía miedo de imponer mi voluntad.

La sensación de irritación ha desaparecido de mi vagina. Cuando por fin llega mi pareja, constato sorprendida que en la comunicación con él articulo claramente mi punto de vista, lo que nunca hubiera osado hacer. Siento miedo al hacerlo, pero hablo. No pasa nada malo.

La inflamación ha remitido. Me siento bien. Todo parece estar en orden. Iré al médico para que lo compruebe.[13]

Por sí solos, los medicamentos, sean homeopáticos, alopáticos o de cualquier otro tipo, no pueden solucionar el problema que se esconde detrás de la inflamación. El problema está

---

13. No conozco el resultado médico. Pero sé que las inflamaciones pueden desaparecer por completo cuando el foco del conflicto emocional ha sido resuelto. Además, los medicamentos pueden actuar mucho mejor. De otro modo, existe el riesgo de que la inflamación reaparezca una y otra vez o que se cronifique.

en nosotros mismos y sólo nosotros podemos solucionarlo. Naturalmente, para ello podemos ayudarnos de medicamentos o tratamientos de cualquier tipo.

Si la inflamación se localiza en la garganta, hay que sospechar que el conflicto tiene algo que ver con el tema de la expresión o la comunicación, es decir, con la manera en que nos comunicamos o no mediante el lenguaje con los demás. Cuando la inflamación afecta a los oídos, es presumible que el conflicto emocional tiene algo que ver con oír o ser oído, tener que escuchar o no querer escuchar, etc. Es útil reconocer de qué conflicto se trata, pero el análisis puramente racional no es suficiente para conseguir la curación.

Para ello debemos movernos hasta el plano del corazón. Cuando tenemos un conflicto dentro de nosotros, sin importar si se manifiesta en forma de inflamación o no, existen (como mínimo) dos partes de nuestro interior enfrentadas. Es importante conocer y comprender a ambas, pero también, de hecho previamente, hay que conocer el estado global del conflicto. Es decir:

- Vivir conscientemente el conflicto, respirar, sentir.
- Abrir el corazón para aquello que te hace estar en estado de conflicto.
- Conocer la parte A (a la que accedes con facilidad) y constatar qué es lo que necesita de ti.
- Conocer la parte B y constatar qué es lo que necesita de ti.
- No intentar una reconciliación, sino simplemente sentir y acoger conscientemente a ambas partes.

Con frecuencia, el conflicto se produce porque no encontramos ninguna posibilidad de acoger bajo el mismo techo dos pretensiones totalmente distintas o incluso opuestas. El problema aparece porque permitimos que una parte deje de lado a la otra. Creemos que se excluyen mutuamente. Creemos que sólo podemos sentir la una o la otra. Esto se debe a que estamos acostumbrados a identificarnos. Y no es posible identificarse con una cosa y, al mismo tiempo, con su opuesta.

El secreto está en despertar de la identificación, mirar ambas partes, conocerlas y valorarlas y reconocerlas tal y como son. Tú mismo no eres ni la una ni la otra. Tú eres mucho más que esas dos partes o una de ellas. Despierta. Sé el que percibe en lugar de identificarte. Entonces, cesará la lucha y tu cuerpo podrá tomar aire y sanar.

Agresor y víctima

Todas las doctrinas esotéricas afirman que a lo largo de nuestro desarrollo somos tanto agresores como víctimas. Aquellos que creen en la reencarnación consideran las distintas vidas como una sucesión llena de sentido de lecciones que aprendemos en distintas encarnaciones y papeles, para conseguir una mayor maduración, consumación y discernimiento. Para ello es necesario experimentar tanto el papel de agresor como el de víctima.

Se trata de una teoría plausible que da sentido a cualquier destino, aunque pueda parecer injusto o cruel. Ha sido confirmada por los resultados de muchas investigaciones y concuerda con mucho de lo que yo he experimentado en mí misma y en otras personas a lo largo de mi trabajo. Pero, un gran PERO: debido a nuestras posibilidades perceptivas percibimos la realidad y sólo podemos interpretarla como nos permite la programación de nuestro razonamiento (¡otros seres perciben otro mundo!). Nuestra percepción sensorial nos presenta un mundo en el que existe un ayer, un hoy y un mañana, así como un aquí y un allá, y nuestro razonamiento está programado de tal manera que sólo puede concebir relaciones en un sentido temporal lineal. En otras palabras: lo que podemos concebir no es la realidad. Sólo puede tener una vigencia relativa. Así pues, en el contexto de nuestra manera habitual de pensar, la teoría de la reencarnación arriba esbozada es una acertada descripción de la realidad –pero sólo en ese contexto–. En cuanto trasladamos nuestra conciencia, nuestro sentimiento de identidad y con ello nuestro razonamiento a otro contexto, por ejemplo en un contexto en el que el paso del tiempo lineal desempeña sólo un papel secundario o ninguno, porque existen diversas dimensiones del tiempo o porque todo tiene lugar al mismo tiempo, esa teoría deja de tener sentido. Pero en ese caso, tampoco tiene sentido decir: «Nací hace treinta años y un día, ayer celebré mi cumpleaños y dentro de un año quiero haber perdido 5 kg». Mientras pensemos en estas categorías, también podemos abrirnos a la idea de una reencarnación lineal. Yo la considero relativamente correcta.

Después de esta introducción, realizaré una interpretación del siguiente relato. Juzga por ti mismo:

Esther cuenta:

Era Navidad y hacía mucho frío. Caía la nieve y un viento helado impulsaba los copos en todas direcciones. Subí al coche para conducir hasta un determinado lugar, pero vi con consternación que mis manos parecían no obedecerme. Debería haber desistido, pero mi mano giró la llave de contacto. Naturalmente, sabía a dónde querían llevarme. A un lugar donde irremediablemente debería sufrir una humillación. Hacia un hombre que conocía y deseaba desde hacía tiempo y tras el que iba últimamente como empujada por una necesidad. Él también me deseaba, pero se sentía irritado por mi comportamiento de los últimos tiempos. Claramente no estábamos determinados a convertirnos en pareja, incluso habíamos hablado de ello y yo estaba estropeando nuestra amistad al intentar seducirlo como una posesa, aunque no lo deseaba sexualmente. Yo misma no me entendía.

Conduje hasta su casa, me ofreció un café y una amable negativa. Durante el camino de regreso —los copos de nieve chocaban contra mi parabrisas en un salvaje torbellino— fui sacudida por una desesperación de tal magnitud que tuve que parar el coche en el arcén y echar a llorar. No entendía nada. Sin duda, ese hombre no era el gran amor de mi vida. Decidí llegar al fondo de la cuestión.

Ya en casa, desconecté el teléfono, encendí una vela, pedí ayuda a los dioses y estudié la situación. Pensé en ese hombre, en nuestro último encuentro, sentí mi respiración, dejé conscientemente a un lado todos los sentimientos que surgían —y súbitamente me encontré en medio de una «película» interna—. Me vi como una mezcla de bruja y sacerdotisa (lo que en la época precristiana era así), que se hallaba ante un comité de hombres con una función similar y que era juzgada por un grave delito. Al parecer, había abusado de mi poder espiritual para obligar a amarme a un hombre joven al que yo deseaba. Como castigo, los sacerdotes echaron sobre mí un hechizo, el mismo tipo de hechizo que yo había echado al hombre joven. A partir de entonces sería atormentada por una inexplicable necesidad de estar con hombres que deseaban a ese hombre joven.

Mientras esa «película» se proyectaba en mi conciencia, me concentré en las sensaciones de mi cuerpo y mis sentimientos. Así descubrí por qué lo había hecho. La bruja/sacerdotisa que en esa película me representaba albergaba un sentimiento muy malo que clamaba por ser resuelto. Se sentía fría, mala y oscura, un sentimiento que en cierta medida reconocí había impregnado mi realidad interior (en esta vida real) desde pequeña. La mujer de mi «película» ansiaba la resolución de ese sentimiento. Pensaba que encontraría la solución siendo amada por alguien que representara lo contrario: calidez, bondad y luz. «Ya que si un ángel tan lleno de amor me ama, es que no puedo ser tan mala, ¿no? Entonces no tendré que sentirme tan fría, mala y oscura». Esto es lo que pensaba esa mujer y eso es aparentemente lo que yo había pensado de forma inconsciente durante toda mi vida (en este caso real). Entonces, surgió ante mi ojo interior una fila de hombres que se parecían a ese ángel encarnado y de los que me había enamorado de la misma manera. En todo caso, la bruja/sacerdotisa se había enamorado de un hombre así y le había obligado a amarla. Para ello había abusado de su poder espiritual, el cual había adquirido gracias a su consagración y su formación. Me pregunté por qué necesariamente tenía que ser el amor de un hombre el que me liberara. En realidad, conocía asimismo a mujeres que a mis ojos también eran ángeles encarnados y que me amaban o, en todo caso, me tenían aprecio. Pero eso no parecía ser suficiente. La respuesta llegó enseguida. Inconscientemente había pensado que sólo un hombre podía amarme del todo, es decir, también físicamente y liberarme de mi terrible sentimiento de frialdad, maldad y oscuridad.

Una vez entendí todas esas relaciones y acabé de ver mi «película», sentí que debía solucionar todos esos sentimientos sintiéndolos y dándoles la compasión y comprensión que necesitaban. Después, para mi sorpresa, sentí claramente como si algo saliera de mi cuerpo hacia arriba y tuve la impresión que ese algo era el personaje de esa bruja/sacerdotisa. Luego, durante un largo rato, una luz brillante me llenó de una manera que nunca había experimentado. Esa visión siguió ahí cuando abrí los ojos.

Un par de días después recordé la situación de un abuso que sufrí cuando era niña, como un relámpago de pronto supe que había cargado con esa mala experiencia, porque quería sentir en mi propia piel eso que yo le había hecho a otro. Y de hecho, en ese momento lo tuve claro, no como un castigo o una «consecuencia kármica» sino por amor. Mi espíritu tenía el deseo de sentir un sufrimiento similar como el que yo le había infligido al hombre joven, para entenderlo y nunca más intentar hacerle algo así a alguien. Después de todo eso me liberé inmediata y completamente de la insana dependencia de ese hombre joven.

En mi trabajo del corazón centrado en el cuerpo he observado con frecuencia en mí misma y en otras personas experiencias íntimas tan profundas, estremecedoras y transformadoras como éstas, que no pueden explicarse de otra manera que como recuerdos de una vida anterior. Pero incluso aunque no comulguemos con la idea de la reencarnación y nos centremos sólo en nuestra vida real, por lo general nos damos cuenta de que precisamente allí donde nos sentimos víctimas también somos agresores y viceversa. Tenemos tendencia a hacer a los demás lo que nos han hecho a nosotros y a cargar sobre nosotros lo que cargamos a los demás. Así, aprendemos a conocernos unas veces como alguien que sufre el dolor de la humillación y otras como el que inflinge el dolor. Sufrimos si somos abandonados, mientras que abandonamos a los demás o los dejamos en la estacada. Sufrimos las injusticias cuando somos la víctima y no nos damos cuenta cuando nosotros mismos somos injustos.

El drama del agresor y la víctima acaba en cuanto abrimos nuestro corazón. Cuando somos la víctima, tenemos que abrir nuestro corazón a nuestra ira, nuestra rabia, nuestro rencor, nuestro odio, nuestra debilidad y, finalmente, al dolor que nos han inflingido. Entonces, nos damos cuenta de que el agresor no es otro que nosotros mismos y podemos sentir lo que ha supuesto para él hacer lo que nos ha hecho. O nos damos cuenta de por qué nos hemos puesto en la posición de la víctima y hemos cargado con el sufrimiento, como en el relato de Esther. Cuando somos el agresor, tenemos que abrir nuestro corazón a todo aquello que nos provoca el hecho de haber actuado mal: al sentimiento de culpa, al dolor de infligir daño a otra persona, a la inutilidad que esta acción encierra y que nunca podrá repararse, a nuestra rabia porque eso nos pase a nosotros, etc. Después podemos abrir nuestro corazón a nuestra «víctima» –en lugar de regodearnos en nuestro sentimiento de culpa– y sentir cómo se siente o se ha sentido esa persona por lo que le hemos hecho. Al hacerlo mostramos respeto hacia esa persona y, de pronto, en nuestra imagen mental, le devolvemos la dignidad. El problema del agresor y la víctima se ha resuelto.

No es un ejercicio fácil. Para la víctima, abrir el corazón al dolor en lugar de seguir identificándose con la rabia, la debilidad y la incriminación, representa un gran paso. Todavía es más difícil para el agresor. El sentimiento de culpa es especialmente difícil de eliminar y, teniendo en cuenta algunos sentimientos de culpa, es difícil abrirles el corazón. Existen muchos obstáculos para ello. El paso mayor y más difícil, aunque al mismo tiempo el más liberador, es abrir tu corazón al dolor de la persona a la que has herido o perjudicado (es algo muy distinto a sentirse culpable). Ese dolor no puede ser reparado nunca. El otro debe entenderse con las sombras que nosotros le hemos provocado.

Este pensamiento puede ser casi intolerable, pero está en nuestra cabeza. Abrir tu corazón al dolor de la otra persona no significa nada más que sentir ese dolor. Esto transforma la relación. Coloca a la persona que fue mi «víctima» a mi altura. Entonces, deja de ser víctima y yo dejo de ser agresor, y ambos somos simplemente personas imperfectas con un corazón sensible. De este modo, puedo inclinarme ante esa persona, ante el dolor que ha asumido y ante mí mismo, y el drama tiene un final. Ya no participo de ese drama. Sé que no es sólo una imaginación mía cuando he abierto mi corazón. Y esto es la solución y el perdón.

En este momento puedo sentir el deseo de decirle a esa persona que lo siento, pero quizás no es posible. En todo caso el amor ha vuelto a mi corazón y éste está en el estado que los sufis denominan «quebrado» (y que encuentran deseable). Ya no está recubierto de su caparazón orgulloso y santo. Se ha abierto a la propia imperfección y al dolor de otra persona.

Conflictos, polémicas y luchas

La mayoría de nosotros sabemos que la única manera de resolver un conflicto o de acabar una guerra consiste en abrir el corazón en lugar de endurecerse cada vez más. Desgraciadamente, por regla general, nos resulta muy difícil. Yo he descubierto que también puede ser sencillo. El truco está en abrir el corazón no a tu enemigo, sino a ti mismo. Sin embargo, esto significa mucho más que toparse uno mismo con aquel entendimiento superficial que se puede llevar fácilmente cuando nos identificamos con nuestro rencor («Claro que puedo entender que estoy enfadado, tengo razones para estarlo»). Significa:

① En primer lugar, despertar la conciencia para lo que ocurre dentro de nosotros. En vez de dirigir nuestra atención al oponente, la dirigimos a aquello que el oponente provoca en nosotros.

② Percibir conscientemente nuestros sentimientos y sentirlos (con el cuerpo y la respiración).

③ Descubrir qué es lo que nos duele tanto, que existe una lucha y aceptar el dolor que hay detrás de la agitación emocional.

Antes de que seamos capaces de sentir ese dolor –lo que no queremos hacer–, debemos abrir nuestro corazón a nuestra rabia, nuestra sed de venganza, nuestro deseo de tener razón, etc. Todo esto no debe ser borrado, sino sentido y tomado en cuenta conscientemente. Pero en último extremo se trata del dolor que se esconde detrás. ¿Cómo me sentiría si no me defendiera y no huyera? ¿Qué es lo que me hace tanto daño que preferiría golpear o arrojar una bomba? Con frecuencia, los dos oponentes sufren el mismo dolor, el cual reprime a los dos y contra el que cada uno se defiende a su manera, preferiblemente inflingiéndoselo al otro (para, como él cree, hacerle retroceder).

Si compadezco a mi propio dolor, lo asumo y lo siento, mi parte del conflicto se resuelve. ¿Qué hay que hacer después? Con el corazón liberado y abierto y la cabeza clara (porque ya no está enturbiada por las emociones) puedo valorar la situación mucho mejor. Quizás tenga que tener unas palabras decisivas con el oponente. Quizás deba establecer unos límites con él mediante una acción o un gesto. Quizás deba romper la relación. Quizás sea capaz de darle la mano o abrazarle, porque de pronto le entiendo, porque le he reconocido de nuevo dentro de mí. Quizás comprenda que no puedo hacer nada más que luchar. Entonces, podré inclinarme ante él como un luchador de artes marciales ante su oponente y seguir luchando. Pero en esta ocasión me habré liberado del componente emocional. Sé por qué lucho y no pego a ciegas ni cegado por el odio. Quizás también me dé cuenta de que era yo el que estaba equivocado y puedo disculparme (un gesto natural cuando mi corazón está abierto y siento que he herido a alguien). O me doy cuenta que estaba luchando con un fantasma, porque en realidad luchaba contra algo en mi interior que el otro me había reflejado como un espejo, de la misma manera que él vio en mí una parte reprimida de sí mismo. Entonces, puedo reír y comprobar si tiene sentido decírselo a mi oponente o si es mejor tenderle la mano para reconciliarnos.

Así pues, el camino más fácil para acabar la guerra es abrirse el corazón a uno mismo. Esto es sencillo cuando se sabe dónde hay que incidir, es decir, sobre el sentimiento que claramente está más en la superficie. ¿Cuál es el sentimiento más superficial? ¿Odio? ¿Una rabia incontenible? Entonces, siente el odio y la rabia de manera consciente y descubre qué es lo que necesitan de ti para sentirse totalmente comprendidos y aceptados. ¿Piensas que no quieres abrir tu corazón, sino matar a tu oponente? Ah. Despertar y tomar conciencia de este pensamiento. ¿Qué se siente al pensar esto? ¿Cómo te sientes por ello? ¿Puedes asumir el sentirte así? ¿Puedes tener comprensión hacia ti mismo? O bien: ¿qué necesita ese sentimiento de ti? O también puedes analizar el pensamiento: «¿Por qué prefiero matar al otro a abrir mi corazón?». Hazte preguntas hasta que puedas sentir qué es lo que te mueve. Y entonces ábrele tu corazón.

Capa a capa descubrirás lo que ocurre dentro de ti. Capa a capa limpias y pacificas tu interior, hasta que te reunificas con cada una de las partes. Cuando eres uno contigo mismo, dejas de estar en lucha con cualquier otro. Cuando eres uno contigo mismo, estás en paz. Finalmente, puedes ponerte frente a tu oponente de persona a persona, cara a cara (en lugar de cara contra cara). Puedes comunicarle o no tu dolor, tu rabia y tu miedo según lo que en ese momento te parezca más adecuado. Después de la abolición del *apartheid* de Sudáfrica, Nelson Mandela convocó grupos mixtos de diálogo en todo el país, en los que los negros explicaban a los blancos cómo se sintieron durante la época de la represión y viceversa. Todos pudieron descubrir su corazón. Mi amiga Gloria inició algo similar en sus clases de adolescentes. También podría funcionar con matrimonios, con amigos y con compañeros de trabajo. Naturalmente, se darán situaciones en que no será posible descubrir el corazón ante el oponente. Sin embargo, lo que sí se puede hacer siempre es ir a él con el corazón abierto y con respeto por sus propios sentimientos. De esta forma se da la oportunidad de que se establezca un verdadero contacto (al contrario que la guerra, que precisamente se produce porque no se está en contacto) y para comprender lo que sucede en el corazón del oponente.[14]

Quizás entonces podamos comprender por qué no puede hacer otra cosa que defenderse. Quizás, el dolor del que se defiende es enorme y todavía no está en disposición de aceptarlo sin salir herido. De esta manera, el respeto y la comprensión se unen a la empatía. El resultado es una cierta sabiduría, a partir de la cual se puede actuar o discutir respetando al otro y teniendo en cuenta su estado.

---

14. Encontrarás datos interesantes sobre la guerra y la paz en Scilla Elworthy, *Poder y sexo. El principio femenino y la fuerza para cambiar (Power und Sex. Das weibliche Prinzip und die Kraft zur Veränderung)*, capítulo 10 (*véase* bibliografía).

Sin salida

Cuando te encuentres en una situación aparentemente sin salida, no te dejes vencer por los pensamientos de que no hay esperanza. Sal de eso tomando conciencia de esos pensamientos: «Ah, así que pienso que no hay esperanza. ¿Soy también capaz de sentirlo? ¿Qué siento?».

¿Y qué es lo que necesita el sentimiento de desesperanza de mi corazón? Imagina una persona sabia, bondadosa y llena de compasión y respeto, alguien que realmente tiene un corazón abierto. Llegas a ella con tu sentimiento de desesperanza. ¿Qué es lo que necesitas urgentemente del corazón de esa persona? Con toda seguridad necesitas a alguien que entienda lo malo que es para ti sentirte así, es decir, algo como la comprensión y la compasión. Descubre lo que tu sentimiento necesita. Al descubrirlo ya le estás prestando atención. Esto por una parte. Tan pronto has descubierto lo que el sentimiento realmente necesita, has llegado a tu corazón, lo has abierto y has dejado entrar al sentimiento.

Ahora, la desesperanza se siente comprendida y aceptada. Antes ibas de un lado a otro para encontrar una salida y tu sentimiento permanecía temblando en medio del frío, porque tú no estabas con él. Ahora eres uno con él y al mismo tiempo más, de hecho, alguien que se puede preocupar del sentimiento. Y, finalmente, surge la esperanza, una especie de certeza de que por fin todo irá bien.

Incluso los recuerdos bonitos se vuelven rancios

El título de este capítulo está inspirado en Prentice Mulford,[15] quien dijo: «Incluso la felicidad se vuelve rancia». Pero ¿cómo podemos dejar de aferrarnos a la felicidad, aunque hace tiempo que se volvió rancia, cuando hace tiempo que se ha volatilizado?

Sé que el aferrarme a los recuerdos bonitos me impide ser libre, me impide percibir la belleza del momento actual, estar en contacto con la realidad, etc. Todo eso ya lo sé. Y sin embargo, cuando nadie mira, echo mano de los recuerdos, les quito el polvo y miro a ver si todavía están vivos, si algo de todo ello es todavía real y de alguna manera puedo recuperarlo de nuevo.

Esther relata:
Voy de paseo. Hace un calor un poco sofocante, el cielo está gris, me siento algo chafada pero tranquila. De pronto, me asalta con vehemencia el recuerdo de mi antigua vida. Es una parte

---

15. Prentice Mulford, *Alcance de la vida y la muerte (Unfug des Lebens und des Sterbens)* (*véase* bibliografía).

de mí que añora nuestro jardín, nuestra casa, la vida feliz en pareja. Y por si fuera poco, emerge con la misma vehemencia otro recuerdo de otra época, otro amor y también siento añoranza de éste. El amor por estas dos personas tan distintas sigue siendo muy fuerte y con sorpresa me doy cuenta de que sigo deseando a ambos. Han pasado ya muchos años de aquello, desde hace tiempo vivo otra vida, otro amor. Entonces ¿por qué demonios no puedo liberarme de esas viejas historias? Elevo una oración al cielo: «Por favor, ayúdame a liberarme». Pero me doy cuenta de que esa oración no es sincera. No se corresponde con mi verdad interior. La verdad interior momentánea es el deseo ardiente, el dolor porque todo eso pasó y en cambio sigo sintiéndolo como si no hubiera vivido su final. La verdad es que me gustaría aferrarme a ello. Debo dar permiso a la parte de mí que sigue mascando los viejos recuerdos como si se tratara de un chicle gastado, a sentir deseo aunque mi cabeza no le encuentre sentido, porque no existe marcha atrás. Así pues, siento el deseo y la nostalgia y la desesperada necesidad de aferrarme a los recuerdos, lo siento conscientemente y dejo de luchar contra ello y mi corazón se abre a estos sentimientos en un impulso de compasión y comprensión. Alivio, coger aire, relajación… Y entonces aparece, primero muy bajito, el deseo de liberarme de ello, de vivir una vida nueva con el corazón libre y una mirada fresca y sin la carga y la limitación del pasado. Ahora, el deseo de liberación es sincero. A él también le doy conscientemente un lugar en mi corazón. Veo que mi estado de ánimo se serena, mi espíritu es libre y mi corazón permanece totalmente abierto. De pronto vuelvo a percibir mi entorno, veo las personas en el parque y los perros y la verde hierba. El dolor va conmigo, estoy en paz con él y él se preocupa de que todo lo que veo me llegue hasta lo más profundo.

Cuando les damos vueltas a los recuerdos bonitos es para incorporar su sabor dulce y especial. Cuando esto ocurre como por obligación, sin que hayamos conectado nuestra conciencia, no sirve de mucho. Podemos hacer lo mismo pero de forma consciente, recapitulando intencionadamente recuerdos bonitos y asimilando conscientemente su sabor, su esencia. Entonces, la esencia de esa experiencia especial, su inigualable belleza, su dulzura, su sabor totalmente único queda inmortalizada, incorporada a nuestro ser y, desde ese momento, nos pertenece. Nadie puede despojarnos de ella, ya que podemos volverla a encontrar siempre que queramos en nuestro interior. No es el recuerdo del acontecimiento y las personas, sino la esencia de ese recuerdo. Tal como lo sentimos. Tal y como nos sentimos. Ése es el presente que esa persona, ese lugar o esa situación nos dio. Si perdemos ese sentimiento especial con nuestra distancia espacial y temporal con esa persona, ese lugar o esa situación, es que no hemos aceptado el presente.

Es difícil aceptar ese regalo cuando alguien nos ha abandonado y no estamos de acuerdo con ello. Algo que nosotros hubiéramos seguido viviendo de buen grado se ha roto repentinamente, se nos ha arrebatado y nos rebelamos. Nos gustaría dar marcha atrás. Eso no debería haber pasado. No sirve de nada que nuestra propia razón, los amigos o algún libro nos aconsejen aceptar la situación, que esa persona ya no forma parte de nuestra vida. Ya lo vemos. Pero no podemos. No queremos.

¿Qué hacer? Nos libramos de la identificación, damos un paso atrás y decimos: «Ah, no quiero aceptar que X me abandonó. Me gustaría que fuera de otra manera. ¿Qué siento si lo acepto? ¿Qué hace mi cuerpo? ¿Cómo me siento?».

No se trata de aceptar el hecho (a él le da igual si lo aceptamos o no), sino nuestro propio sentimiento. Nuestro no entender («no entender» es también un estado de ánimo). Nuestra desesperación. Nuestra tristeza. Nuestra rabia. Nuestra persistencia. Y, finalmente, nuestro dolor.

Sólo entonces seremos capaces de aceptar el amor hacia esa persona, que sigue vivo en nosotros aunque se haya ido, y con él el regalo que nos hizo. La felicidad que nos regaló no tiene por qué desaparecer con él de nuestra vida. Nos pertenece. Es nuestro propio sentimiento de felicidad. Lo despertó sólo para nosotros. Podemos elegir si lo queremos hacer nuestro. El precio por ello es el dolor. Si queremos hacemos nuestra esa felicidad, en lugar de dejar que se desvanezca junto con el amor perdido, debemos sentir el dolor de la pérdida. Cuando despertamos esa alegría dentro de nosotros, al principio va siempre acompañada de dolor, el cual es posible que no acabe de desaparecer nunca, pero si aceptamos ese dolor veremos que tiene una cualidad bella, de amor y profundidad que hace que aquellos sentimientos felices sean mucho más intensos. Y, poco a poco, podremos atrevernos a liberarnos de esos antiguos recuerdos y, enriquecidos con los tesoros que nos regaló el amor perdido, seguir nuestro viaje hacia lo desconocido, con el corazón abierto y la mirada nítida.

A propósito de los amores perdidos: es posible que en tu interior exista todavía un absurdo sentimiento de esperanza. Lo dejas siempre a un lado porque en el fondo sabes que no tiene sentido tener esperanza. Pero la esperanza es un sentimiento como cualquier otro y es correcto que le abras tu corazón y que sientas aquello que de todas maneras está ahí. Libera a tu esperanza. Comprueba qué es lo que necesita de tu corazón: ¿reconocimiento?, ¿autorización? Verás cómo después te sientes mucho mejor, sin importar lo que tu razón quiera decir. De nuevo serás uno con aquello que sientes y eso siempre es positivo.[16]

Todavía puede resultar más difícil aceptar el presente de una relación pasada, cuando fuimos nosotros mismos los que propiciamos la separación. En este caso entra en juego el sentimiento de culpa. Aunque la decisión nos pareciera la correcta, aunque los motivos fueran buenos, abandonamos a una persona que confiaba en nosotros y eso nos hace sentir culpables. Y como nos sentimos culpables, no podemos aceptar su regalo. Sin él no podemos vivir la felicidad que nos regaló, esa forma especial de alegría y amor que vivimos con él, ya que eso pondría la guinda a nuestro sentimiento de culpa. Así piensa la parte que se siente culpable. Lo gracioso es que mientras nos aferremos a esa negación nada habrá tenido sentido. La relación, el amor vivido, la separación con todo su dolor –nada tiene sentido cuando no aceptamos el presente que esa persona nos ha hecho.

En este caso, lo primero a lo que hay que prestar atención es a la culpa. Esto supone dos cosas. En primer lugar, debe sentirse el sentimiento de culpa (¿en qué parte del cuerpo se localiza?, ¿qué siento si acepto sentirme culpable?). Debemos sentirlo y mover nuestro corazón para compadecerlo, determinando qué es lo que necesita: ¿compasión?, ¿empatía?, ¿respeto?, ¿cuál es la palabra mágica resolutiva?

---

16. Si te interesa el tema deberías leer mi cuento «Esperanza» del libro *Palabras mágicas del amor* (*Zauberworte der Liebe*).

En segundo lugar, y esto puede ser todavía más difícil, debe prestarse atención a la culpa en sí misma. He roto una promesa y he provocado mucho sufrimiento y esto, lo admita o no, me ha cargado de culpa. Debo reconocer esta culpa desde lo más profundo de mi corazón. Sólo entonces me libero de ésta y soy capaz de ir aceptando poco a poco los muchos regalos que me hizo esa persona a la que abandoné e integrarlos en mi vida. Y, además, al abrir mi corazón al sentimiento de culpa y, de esta manera, al librarme de la idea fija de ser un agresor y consecuentemente digno de castigo, libero también al otro de tener que ser mi víctima. Ahora, como con Hellinger,[17] puedo decir: «Respeto tu destino». Y mientras lo digo siento el dolor de no poder cambiar las cosas y, al mismo tiempo, el amor. De esta manera soy libre de ser yo mismo y estar junto a mí.

---

17. Bert Hellinger, conocido terapeuta, padre de las Constelaciones familiares y autor de muchos libros.

La comunicación dentro de las relaciones

Junto con mi amiga Gloria, compañera de ejercicios y codirectora de grupos, disfruto de un tipo de comunicación que ya me gustaría para muchas relaciones, pero que sólo es posible si todos los implicados abren su corazón. Si una de nosotras se siente molesta con la otra, la afectada mira en su interior, determina cuál es el punto herido y se ocupa de él (sintiendo conscientemente sus sentimientos y abriéndoles el corazón). Después puede hablar de ello con la otra. Y entonces ésta es posible que diga: «Lo siento. Naturalmente no era mi intención. Pero, de todas maneras miraré en mi interior y comprobaré por qué hice eso. Quizás detrás se esconda una emoción».

En ocasiones también nos decimos directamente lo que sentimos: «Me hubiera gustado contártelo, pero tenía miedo de que lo encontraras ridículo». Cuando se manifiesta algo de esta manera, te liberas de la identificación con el miedo y empiezas a percibir conscientemente cómo puedes reforzar más a tu interlocutor: «No creo que lo encuentre ridículo, tú sabes cuántas cosas raras he descubierto dentro de mí. Sin embargo, quizás es una oportunidad para estudiar tu miedo a parecer ridícula». Cuando una de nosotras explica a la otra un problema que le preocupa en ese momento, la que escucha toma automáticamente una posición atenta, consciente, neutral y empática. En lugar de posicionarnos en una u otra dirección, como suele ser habitual entre las amigas, nos llamamos la atención sobre los sentimientos que percibimos. «¿Es posible que también haya algo de inseguridad? Por tu voz lo parece». O, cuando se trata de decidir algo y se escucha con el corazón cómo la amiga nos informa sobre las distintas posibilidades: «Con A tu voz suena más viva. Con B y C no he percibido nada especial. ¿Es posible que haya un sentimiento implicado que todavía no hayas tenido en cuenta? ... Espera, ¿cómo lo siento? ... ¿Puede ser sentido del deber?». Simplemente se nombra el sentimiento que le surge a una misma y se le nombra a tu interlocutora para comprobar si es su sentimiento. Son conversaciones muy útiles.

Por regla general, he descubierto que en conversaciones con amigos puede producirse algo que yo denomino «conversación respetuosa». Se llega a ella cuando cada uno de los implicados da un giro claro y directo hacia su realidad interior, a veces incluso a una sabiduría superior. El truco consiste en dejar a un lado tus propios puntos de vista cuando escuchas y percibir con mucha atención lo que ocurre en tu interior, para lo cual uno se plantea el deseo de captar algo de lo que en realidad se trata. Después, puedes decirle a tu interlocutor lo que has sentido y pensado mientras él hablaba y proponerle que compruebe si algo de todo ello le es útil. Esto se denomina «dar *feedback*» (no maquillar, interpretar ni exagerar nada, y no vender nunca al otro como verdad absoluta algo que uno mismo sostiene como una insinuación de una fuente superior).

Un buen ejercicio –ya lo describí en *El tao del corazón*– consiste en escuchar con el corazón. Imagina que tu corazón (centro energético del corazón en el centro del pecho) tuviera orejas y que escuchases más la voz de tu interlocutor con esas orejas que con las orejas de la cabeza. Esto es un truco técnico simple, que desvía más tu atención hacia lo que sientes (corazón) mientras escuchas que a lo que interpretas con la razón (cabeza). Cuando escuchas realmente con el corazón, estás abierto a sentir lo que el otro siente (empatía) y puedes comunicárselo como un útil *feedback* (conceder siempre que puede tratarse también de su sentimiento personal).

Sin embargo, cuidado con la resonancia o disonancia con tus propios sentimientos. En este caso *resonancia* significa: empiezas a vibrar en el mismo tono de sentimiento que el otro porque lo que él explica te recuerda tu propia historia y, de pronto, ya no estás con el corazón con tu interlocutor, sino con los pensamientos y sentimientos en tu propia película. El *feefback* que ofreces ya no tiene nada que ver con tu interlocutor, sino contigo mismo.

Un ejemplo: Peter relata lo difícil que es para él oponerse a su mujer. Tú sabes de qué habla por propia experiencia y con el pensamiento te trasladas a tu propio matrimonio. Ya no estás abierto para la percepción de los sentimientos de Peter, sino que percibes los tuyos propios. No es nada malo, siempre que seas consciente de ello. Entonces puedes decir: «Perdona, ahora he pasado a mi propia historia y he dejado de ser neutral. Todo lo que te diga ahora estará contaminado con toda seguridad por mis propios sentimientos».

Con Claudia, otra amiga, tengo con frecuencia este tipo de resonancia, porque nuestros destinos, por lo menos desde que nos conocemos, han seguido un camino prácticamente paralelo y se parecen en muchos sentidos. Por este motivo, con frecuencia nos resulta difícil mantenernos neutrales. Todo lo que me cuenta me recuerda mi propia historia (y viceversa), por lo que podría añadir mucho de mi propia cosecha. Pero se trata de ayudarla en aquello que «le es propio». Así pues, intento expresarme con la mayor claridad posible. En este punto surge un pensamiento que quizás podría ser una inspiración: «Desde que has empezado a hablar me siento impelida a explicarte un caso similar de mi propia historia. Sin embargo, no sé si te servirá de algo o si perderás tu propio hilo». Entonces, ella puede decidir poner en marcha su capacidad de discernimiento y decir: «Bien, dime. Yo ya me daré cuenta de si tiene algo que ver conmigo o no». O yo le explico algo de mi historia y ella dice: «Podría explotar de rabia. Me doy cuenta de que en esa rabia está contenida mi propia parte. Pero ¿quizás se trata también de una rabia que tú deberías sentir?». Entonces, puedo comprobar si realmente estoy tremendamente enfadada y no me había dado cuenta o si esa rabia no tiene nada que ver conmigo, sino sólo con ella.

En este caso *disonancia* significa que el tono de los sentimientos que recibo de mi interlocutor y los míos propios producen un desarmonía. Ello me lleva a no querer estar ahí con mi corazón para aquello que el otro intenta explicarme, sino quedarme con mis propios sentimientos. Empiezo a enfadarme por lo que me están explicando, o la voz me pone nerviosa, siento rabia, me siento atacada, etc. En este caso también se ha hecho sonar una cuerda dentro mí. Algo ha hecho que recordara una historia propia, pero en esta ocasión mi interlocutor no ha experimentado lo mismo que yo, sino todo lo contrario.

Volvamos al ejemplo de Peter. Él explica lo difícil que le resulta oponerse a su mujer, mientras que en mi matrimonio yo tengo el papel que correspondería a su mujer. Entonces, se me hace difícil escucharle manteniendo mi neutralidad. Para mí Peter deja de ser Peter, el que me explica sus problemas, y se convierte en mi pareja, y yo tengo que ocuparme de mi propia rabia o frustración. Si soy consciente de ello no hay ningún problema, entonces puedo decírselo a Peter y la conversación puede tomar unos derroteros que también pueden ser muy útiles para mí. Pero si no me doy cuenta, todos mis comentarios sobre su relato estarán cargados de mis propios sentimientos. Me identificaré con su mujer y le daré mi opinión desde su perspectiva, aunque naturalmente en realidad no conozco su perspectiva, y después de la conversación Peter no tendrá las ideas más claras, sino que estará todavía más confuso.

En las relaciones de pareja es todavía más difícil que entre amigos llevar una conversación clara y abierta. No es de extrañar, ya que por regla general nos buscamos parejas que nos ayuden a descubrir nuestros sentimientos reprimidos y esto significa que somos pantallas de proyección el uno para el otro. Él ve en mí a su madre y su pareja anterior o la totalidad de las mujeres que han desempeñado un papel en su vida. Él no me ve a mí. Yo veo en él a mi padre y a todos los hombres que he conocido, de hecho, todos de un mismo tipo. No le veo a él. Es muy útil ser consciente de esto y muy atormentador y confuso cuando no es así.

Si mi pareja me habla con una voz que en mis oídos suena dura y fría, puede provocar rabia dentro de mí. Entonces soy consciente de que siento tanta rabia porque me ha trasladado a una antigua película. Él es mi padre y yo una niña pequeña desvalida ante el humor del todopoderoso padre. No debo corregir ese sentimiento (según el lema: «Ah, es cierto, él no es mi padre y yo soy adulta, así pues no tengo por qué sentirme así»), sino simplemente percibirlo conscientemente. Es mi oportunidad de sanar una vieja herida. Así pues, abandono la vivienda, dando portazos o no y doy una vuelta a la manzana. Rabia, despecho. Debilidad. Respiración. Observar. Aceptar. Y entonces: ¿qué es lo que me da tanta rabia? ¿Cómo me siento realmente cuando me hablan con voz dura y fría? Rechazada. Juzgada. Despreciada. Esto es lo que duele tanto. Respirar, sentir, aceptar. Eso es todo. Entonces puedo volver con él. Cuando más tarde me pregunta: «¿Todavía estás enfadada?», puedo contestarle: «No, ya no. Sentía una rabia mortal porque me hablaste fría y duramente, como lo hacía mi padre». Y él dice: «¿He hecho eso? No he sido consciente. ¿Lo hago con frecuencia? ¿Sí? Ni idea de por qué lo hago. Me fijaré más». «¿Debo advertirte cuando lo hagas?». «No, prefiero darme cuenta yo mismo». En esta conversación no queda nada pendiente. Ningún sabor amargo, ningún nudo en el corazón, nada por lo que en silencio haya que poner un punto negativo[18] ni que deba añadirse a la lista de motivos de separación.

---

18. Esto es lo que hacen las mujeres según John Gray (*Los hombres son distintos. Las mujeres también, Männer sind anders, Frauen auch*) y yo añado que yo también tiendo a hacerlo.

En una relación, no puede ocurrir nada realmente malo si cada uno tiene como mínimo la voluntad de ser o permanecer consciente y se hace responsable de sus propios sentimientos, en lugar de dejarlos en manos del otro. Cuando uno mismo es el único que está dispuesto, no tiene sentido exigir también a la pareja o esperar en silencio. Si sólo yo estoy dispuesta a ser consciente de mis pensamientos y sentimientos (en lugar de identificarme con ellos) y a abrir mi corazón, entonces sencillamente debo hacerlo y no esperar que mi pareja lo haga también. Como compañera de vida, quizás entonces no pueda confiar plenamente en él (porque no es lo suficiente consciente de lo que le mueve y le impulsa), pero puedo respetarle y amarle tal y como es. Al ser consciente, responsable, honesta y abierta, puedo enseñarle que ésta es una manera posible e incluso puede que positiva de vivir y comunicarse. Pero no puedo obligarle ni educarle. Si lo intento no soy consciente, responsable y abierta, sino que me dejaré dominar por mis propios sentimientos inconscientes.

Cuando los descubra, sabré que es el momento de meterme en mí misma y preguntarme por qué lo hago. ¿Qué pasaría si dejara de hacerlo? ¿Cómo me sentiría? Al intentar cambiar al otro encuentro el dolor que intento evitar. Cuando acepto ese dolor en lugar de seguir defendiéndome de él, me es más fácil aceptar y respetar a mi pareja tal y como es. Si tengo suerte, pero sólo así, cambiará por sí mismo. Y si todavía tengo más suerte, descubriré que no necesita cambiar. Era yo la que debía cambiar y él me ha ayudado a conseguirlo.

Problemas de peso
y otros defectos estéticos

Existen personas delgadas y personas gordas, blancas y morenas, con arrugas y sin arrugas, altas y bajas, personas con todo tipo de figuras, caras y cabellos. Ser delgado en sí no es ningún problema. Ser gordo tampoco. El que para algunos suponga un problema estriba en que el pensamiento de tener este o aquel aspecto despierta estos o aquellos sentimientos y él no quiere sentirse así. Rechaza su aspecto. Y entonces empieza una interesante lucha con muchos giros inesperados.

Tomemos el caso en general más propicio: el Sr. X tiene la piel pálida, un trasero flácido y brazos delgados y se siente infeliz por ello, pero tiene una disciplina férrea. Frecuenta un gimnasio, dos veces por semana va a un solario, una vez a la sauna y cuatro veces a entrenar y pasadas unas semanas se ha convertido en un moreno y musculoso Sr. X, el cual se siente muy atractivo. ¿Final feliz, todo bien? Sería bonito. Si la nueva vida se ha iniciado en el momento adecuado, en el que el Sr. X también estaba preparado para una transformación interior, el asunto puede acabar aquí. Pero muchas veces ocurre de otra manera. El externamente transformado, moreno y fortalecido Sr. X recibe una dosis masiva de energía y durante un tiempo vive feliz sobre la base de este nuevo sentimiento de sí mismo. Pero semanas, meses o años después, vuelve el Sr. X pálido y flácido. Bien abandona la disciplina y en algún momento vuelve externamente la flacidez, o sigue entrenando y bronceando su cuerpo con ahínco y mantiene esa sensación positiva de ser un hombre atractivo, pero es asaltado por inexplicables depresiones. Quizás empiece a beber. O en casa, con su mujer, adopte nuevamente su papel débil. O desarrolle todo tipo de molestias físicas, que hacen que vuelva a experimentar la debilidad, desvalimiento y desánimo, toda la miseria contra la que luchó tan disciplinadamente.

Si tienes problemas con tu aspecto, entonces éstos puede ayudarte como el resto de problemas, si eres consciente de tus sentimientos más profundos y básicos que hasta ahora siempre habías ignorado. El Sr. X podría haber sido consciente de cómo se sentía al encontrarse con otras personas, por ejemplo en la playa o en la sauna, con su cuerpo flácido y pálido. ¿Qué cree que piensan de él? ¿Qué efecto tiene sobre él? ¿Cómo se siente? ¿Cuál es el dolor más profundo que se esconde detrás?

Althea tiene problemas de sobrepeso. Ya ha probado todas las dietas y disciplinas posibles. A veces pierde un par de quilos, pero sólo para recuperarlos inmediatamente. Todo parece seguir unas leyes secretas que nada tienen que ver con cuánto coma. En algún momento ha empezado a ser consciente de sus sentimientos y, poco a poco, les ha ido abriendo su corazón. Su experiencia puede ser muy útil para los lectores que también luchan contra sus problemas de peso:

Como para hundir profundamente los sentimientos que surgen (¡abrirles el corazón!).

Lo que surgió (y lo que yo quería hundir con la comida) primero fueron las náuseas, la sensación de que abajo en el vientre había algo malo, nauseabundo, que debía ser reprimido (percibir conscientemente las náuseas y reconocer la sensación como repugnante, la sensación de que hay algo que tienes que vomitar y que quieres soltarlo) y, por último, el sentimiento que se escondía en el vientre (malo y culpable).

Otros sentimientos que eventualmente deben considerarse relacionados con el sobrepeso son:

① El sentimiento que se tiene cuando la gente se encuentra con un gordo o nombran la grasa (¿humillación?, ¿sentimiento de no valer nada?, ¿sensación de que se ríen de ti?, ¿sensación de ser rechazado?, ¿sensación de ser juzgado?).

② El ser gordo como tal (en ciertas circunstancias el ser gordo es también un sentimiento).

③ Imaginar qué pasaría si no se estuviera gordo. Para ello deberían tenerse en cuenta conscientemente los sentimientos negativos. ¿Cómo nos sentiríamos si no tuviéramos esa envergadura (¿protectora?, ¿pesada?, ¿ocupadora de espacio?, ¿cálida?). ¿Desprotegido?, ¿desenmascarado?, ¿descubierto?, ¿pequeño?, ¿insignificante?, ¿sin importancia?, ¿como una hoja arrastrada por el viento?, ¿o cómo?
Entonces se trata nuevamente de conocer ese sentimiento. Respirar, aceptar, sentir. Abrir el corazón. Si puedes aceptar el sentirte así y puedes llevar conscientemente a tu día a día ese sentimiento sin reprimirlo, ya no necesitarás el sobre-

peso para protegerte de él. Si a pesar de todo no desaparece, sigue investigando. Conoce todos los sentimientos que van surgiendo y ábreles el corazón, incluidos el deseo y el ansia de un cuerpo delgado.

Un conocido que sufría una acumulación de grasa en el tronco descubrió que comía para huir de situaciones desagradables. Este comportamiento tenía su origen en su infancia, cuando en la mesa de casa con frecuencia el ambiente estaba cargado de ira y reproches generalmente hacia él. Enfrascarse en la comida era su manera de huir de los sentimientos desagradables. Una vez hubo descubierto este hecho, en primer lugar tuvo que ocuparse de la parte de sí mismo que huía con la comida (reconocerla y comprenderla), y en segundo lugar comprobar qué pasaría si renunciara a refugiarse en la comida: ¿cuál era el dolor del que huía?

Comprueba tu forma de ver las relaciones amorosas. Algunas personas tienen sobrepeso u otros defectos estéticos para protegerse de las relaciones. ¿De qué tienes miedo? Imagina que tu sobrepeso o tu defecto estético desaparece y alguien se enamora de ti y quiere empezar una relación contigo. ¿Qué ocurre? ¿Cómo te sientes? Respirar, aceptar. Ahora, imagina que alguien se enamora de ti a pesar de todos tus defectos estéticos. ¿Qué ocurre en tu cuerpo? ¿Cómo te sientes?

Si en ninguna de las dos situaciones aparece una sensación negativa, o bien tu problema no tiene nada que ver con el miedo a las relaciones, o tienes un miedo atroz a enfrentarte al tema. Si se trata de este último supuesto, como mínimo ¿puedes constatar que tienes ese miedo y entenderte? Como primer paso es suficiente.

Lo mismo ocurre con problemas similares que tienen que ver con el aspecto externo. Comprueba cómo te sientes cuando te miras en el espejo. Comprueba cómo te sientes cuando otros te miran. Estudia cómo afecta esto a tus relaciones o ponte tú mismo en la situación. Conoce conscientemente todos los sentimientos que surgen y acéptalos. No te olvides de la respiración y el cuerpo. Descubre qué es lo que necesitan esas partes para sentirse aceptadas (respeto, comprensión, compasión, etc.).

No puedo prometerte que de esta manera desaparecerá el «defecto estético», pero sí que de esta forma éste te ayudará a encontrar de nuevo tu belleza interior y el amor por ti mismo. Sólo con esto tendrás un efecto más bello y atrayente en las otras personas.

Renunciar a las valoraciones

Si quieres deshacerte de tus problemas y líos, debes dejar de lado todas las valoraciones y estudiar tus pensamientos y problemas desde una perspectiva neutral. Nuevamente se trata sólo de liberarse de la identificación con un pensamiento o un sentimiento. «Ah, interesante, ahora pienso esto». «Ah, interesante, ahora siento esto. Así es cómo se siente esto». En nuestra sociedad hay ciertos sentimientos que por regla general son desaprobados o han sido despreciados en nuestra familia, de manera que vemos imposible reconocer un sentimiento así. Pero todos los sentimientos están presentes dentro de nosotros. La cuestión es con cuáles nos identificamos y con cuáles no (estos últimos, como ya hemos explicado otras veces, son tanto más importantes cuanto más los rechazamos) y de qué sentimientos somos conscientes y de cuáles no. Todos nosotros experimentamos todo el abanico de sentimientos, cada uno a su manera. Todas las emociones que sencillamente hemos sentido siguen su curso. Los sentimientos que no hemos sentido permanecen hasta el día de su resolución como componentes enquistados de nuestro inventario psicológico.

Los sentimientos proscritos son algo más difíciles de descubrir que los aceptados socialmente. Conozco personas en las que el miedo se localiza en los músculos, huesos y riñones y que incluso se ve en los ojos, y que sin embargo juran por todos los santos que no tienen ningún miedo. Son personas, generalmente hombres, que han aprendido que no se puede sentir miedo, que uno debe avergonzarse de tener miedo, que el miedo es un signo de debilidad y que cuando tenemos miedo estamos ridículos. Por lo general, para las mujeres es más difícil descubrir su rabia, porque han aprendido a ser adorables y valientes. La rabia es «mala». Una chica valiente no siente rabia.

Sin embargo, cuando se sigue este camino el cuerpo lo saca todo a la luz: tomar en consideración el problema actual, con la respiración y la atención penetrar en la parte del cuerpo afectada… Como hemos aprendido que el miedo y la rabia no pueden estar presentes cueste lo que cueste, en la zona de la que se trata, en la tensión física donde puede reconocerse el miedo o la rabia, es posible que se produzca un apagón. Aunque respiremos y sintamos tanto como queramos, simplemente no notaremos qué sentimos.

Entonces es necesario adoptar una postura interior que nos permita observar de manera objetiva y neutral para renunciar a cualquier valoración. No es un truco que funcione siempre, pero hace que sea más sencillo. ¿Cómo se consigue esa postura? Desgraciadamente no puedo darte una receta sencilla, ya que incluso para mí es el fruto de una larga evolución. Sin embargo, puedo citarte algunos valores que te ayudarán a conseguir una postura así. Busca cuál de ellos ocupa el lugar más elevado en tu lista de valores.

Verdad. Si para mí la verdad es lo más importante, ésta me ayudará a mantener una postura imparcial y ver todo simplemente tal y como es.

Amor. Si mi ideal es un amor incondicional, estoy preparada para abrir mi corazón a todo aquello que surja en mi percepción.

Discernimiento. Si deseo sinceramente capacidad de discernimiento, me preocuparé siempre de adoptar una postura neutral y objetiva.

Luz. Aquellos que han consagrado la luz como su ideal más elevado deben tener claro que la luz es sinónimo de conciencia. «Se hizo la luz» significa: todo debe ir a la luz. La luz en neutral. Simplemente ilumina. No valora. La valoración crea oscuridad, ya que ante la fría mirada de la valoración, una parte de tu verdad se oculta ante la luz de tu conciencia.

Verdad, amor, discernimiento, luz. Si alguno de estos conceptos representa un valor que para ti es importante o sagrado, partes de una buena premisa para quitarte las gafas de la valoración y poder ver tus sentimiento tal y como son. Quizás existan otros, pero éstos son neutrales y no contienen ningún elemento contaminante, excepto que en ocasiones el concepto «luz» es malinterpretado.

Alguno de vosotros es posible que haya consagrado la libertad como su ideal, en lugar de uno de los cuatro conceptos que he citado. Si tu ideal es la libertad, también puede constituir una buena premisa para liberarte de la confusión y de tus problemas, pero puede contener trampas invisibles. Así, por ejemplo, puedes estar tan identificado con tu ideal de libertad que no seas capaz de mirar y conocer objetivamente tu dependencia, sino que o bien la niegues o bien quieras librarte de ella (lo que, como ocurre con todos los sentimientos reprimidos, la fortalece).

Lo mismo pasa con la sanación. Para algunas personas, lo más importante es la sanación o el estar sano. También este ideal puede constituir una buena premisa para el desarrollo de una postura neutral, pero sólo si partes de la base de que la sanación consiste en ser consciente, comprender, valorar y aceptar cada parte de tu ser tal y como es. Esto es neutral. Sin embargo, algunas personas relacionan ideas importantes con el concepto de sanación. Esto o aquello no concuerda con su idea de sanación. Quizás piensan que una persona que está sana no conoce la ira e intentan cambiar su ira por algo «más sano» y provocan una falta de salud. Lo mismo ocurre con la santidad. Existe el dicho: «Para el santo todo es santo». Si esa es tu idea del concepto de santidad, tienes buenas cartas para el juego que intento exponer aquí. Sin embargo, si tu idea de santidad consiste en quitar de tu vista o mandar al infierno todas las cosas no santas, entonces esto no es para ti.

Lo mismo ocurre con el concepto de Dios. Si Dios es tu ideal más elevado, al que quieres servir, perfecto, no puede ser mejor. Pero sólo es adecuado para mi método de concienciación y apertura del corazón, si ese Dios incluye todo aquello que existe, se encuentra en todo lo que ocurre, si todo pasa por él, si respira y vive y siente en ti, y me refiero a todo y no sólo a los sentimientos positivos. Si tienes otro Dios, o bien le pides que no mire cuando te ocupes de un sentimiento negativo, o bien debes prescindir del ejercicio.

Conciencia y corazón, luz y amor, todo está relacionado. Y para que todo pueda fluir debes activarlos previamente, despertando tu predisposición. Por amor a tu ideal –o simplemente porque sí– esta predisposición podría rezar: «Pase lo que pase me mantendré fiel a mi determinación de observar conscientemente (siempre que pueda mientras ocurre y sino después). Sea cual sea el sentimiento que surja, estoy preparado para abrirle mi corazón. Si no soy capaz, buscaré ayuda. Y quizás incluso estés preparado para un paso más: «Sea quien sea con el que tenga relación, estoy dispuesto a abrirle mi corazón. Si no lo logro, comprobaré qué es lo que tanto me hiere para que no pueda hacerlo y me ocuparé de mi dolor».

Aspectos a los que debes prestar atención

Proponte prestar especial atención a algunos puntos. Al preocuparte de ser una persona más despierta, viva y feliz, éstos son los mayores obstáculos aunque también las mayores oportunidades.

① *Si habitualmente te alteras por una persona o un tipo de personas determinado*, ten la seguridad de que precisamente eso que te pone tan nervioso está presente en ti mismo, sólo que lo mantienes tapado. Descubre lo que es y en silencio da las gracias a la persona que te ha hecho darte cuenta de ello. Y de esta manera te acercas más al asunto: piensa en la persona, observa cómo reacciona tu cuerpo, descubre tu sentimiento en la reacción de tu cuerpo y ábrele tu corazón. Vuelve entonces a pensar de nuevo en la persona. ¿Cómo la percibes ahora? ¿Puede ser que el sentimiento que tú mismo has desenterrado sea precisamente el que ella siente y que reprime por los mismos motivos? Por ejemplo, te altera que se haga el importante. Si miras en tu interior, primero descubrirás tu indignación, tu rabia, tu ira, etc., pero ¿que hay detrás? Qué es lo que te hace tanto daño para alterarte de esta manera? ¿Quizás es el dolor por debajo del dolor de no ser visto, de no ser importante? ¿Es posible que también sea ese su dolor? ¿Y por eso se comporta así? ¿Y qué ocurre con tu deseo de ser importante o de ser percibido? ¿Cómo lo reprimes?

O bien utiliza otra técnica: nombra lo que tan nervioso te pone. «Se da importancia». Parte de la base de que dentro de ti también esta presente el deseo de darte importancia. Pero lo reprimes (sino no te alterarías por esa persona). Comprueba qué ha sido de tu deseo. ¿Dónde se esconde? Siéntelo. Acógelo en tu corazón. Sentirse importante es una necesidad infantil completamente natural. Un niño necesita el sentimiento de que es muy, muy importante para alguien. Quizás lo sentiste poco durante tu infancia. Quizás te protegiste del dolor que esto te causó, desarrollando la postura de: «No importante. No tengo que ser importante». O te enseñaron que querer ser importante es egoísta, grosero, poco cristiano, etc. Di en voz alta: «Quiero ser importante». «Deseo ardientemente ser algo importante y especial». Juega con fórmulas similares, hasta que sientas que has puesto el dedo en la llaga. Y ahora: respirar, aceptar, abrir el corazón. En el futuro no tendrás que alterarte a causa de personas que se dan importancia porque las entenderás. No es que lo encuentres estupendo, pero lo conoces y lo comprendes. Incluso puedes respetarlo. (En este caso «querer ser importante» es un ejemplo elegido arbitrariamente para explicar la técnica. Utilízala en todo aquello que te altera de los demás).

② *Cuando te alteras habitualmente por determinadas circunstancias* o te expresas con especial ardor sobre algún tema, detrás se esconde una vieja herida que hasta ahora ha pasado inadvertida. Algunas personas se ponen furiosas o se obstinan cuando se trata de una injusticia. Si ése es tu caso, comprueba dónde tienes localizado el dolor de la injusticia. Es tu propio dolor. Pertenece a una vieja herida. Sánala sintiendo ese dolor. Cada injusticia por la que te alteras puede ofrecerte una oportunidad para ello. Deja todas las valoraciones a un lado. A pesar de todo: si habitualmente te alteras por las injusticias tienes lo que se denomina «un tema» (expresión elegante para «problema»). Así pues, toma la última ocasión en la que te alteraste y observa qué es lo que te ocurrió. Sentir el cuerpo, descubrir el sentimiento, respirar, aceptar. Siente la indignación, después el sentimiento de debilidad o de desamparo y finalmente el dolor de la propia injusticia. No es fácil aceptarlo. Uno está tan habituado a luchar contra él. La injusticia simplemente no puede existir. En este punto recuerda: no se trata de aceptar los hechos, sino un sentimiento que de todas maneras está ahí. Se trata de tu sentimiento, de tu dolor. Siéntelo. Sólo así puede sanar. Entonces, si ése es tu deseo, puedes ayudar mucho mejor a las personas que hayan sido víctimas de una injusticia.

③ *Cuando estás atrapado en el pensamiento de que deberías ser diferente, sentir diferente o que la situación debería ser diferente.* Di: «Ah, interesante. Ahora pienso que debería ser de otra manera». ¿Eres capaz quizás de conocer conscientemente aquello que querrías que fuera de otra manera o que piensas que debería ser distinto? Observa en qué te afecta que las cosas sean así, tal como son. Aprende a conocer tu sentimiento. Acepta el sentirte así. Abre tu corazón a ese sentimiento. Sólo así pueden cambiar realmente las cosas. Si estás atrapado en una situación que desearías mandar al diablo, comprende que actúas así, pero después estudia la situación. Vívela conscientemente. Comprueba cómo te sientes en ella.

Acepta el sentirte así. Compadece a tu sentimiento. Entonces, la situación puede cambiar. (*véase* capítulo «Problemas».)

Quizás te comportas como un alumno de tercer curso que siempre se queja: «¡Quiero estar en cuarto curso! ¡No me gusta el tercer curso!». Como se niega a aprender los contenidos de tercer curso, naturalmente seguirá en su sitio y si persiste en esa actitud nunca alcanzará el cuarto curso. Cuando lo que quieres que sea de otra manera es un sentimiento, ocurre lo mismo. Ten comprensión por el hecho de que te gustaría que las cosas fueran de otra manera y observa entonces cómo te sientes. Conócelo conscientemente. Respirar, sentir, aceptar, abrir el corazón.

Supongamos que sientes una paralizante falta de ilusión mientras tienes que cumplir un importante encargo y todavía te esperan cuatro llamadas de teléfono y una visita. Naturalmente, piensas que esa falta de ilusión debe desaparecer. En este punto te acuerdas de lo que digo en este libro y dices: «Ah, estoy pensando que debería ser de otra manera. Bien. Así pues, sentiré conscientemente esa falta de ilusión en lugar de pensar que debería desaparecer. ¿Qué siento cuando la acepto?». Con «aceptar» no me refiero a dejarse vencer por ella o rendirse, sino a sentirla conscientemente (¡respirar!) en lugar de defenderse de ella y descubrir qué es lo que necesita de tu corazón para sentirse aceptada. ¿Reconocimiento?, ¿comprensión? Después harás el sorprendente descubrimiento de que puedes dejar que la falta de ilusión viva dentro de ti, mientras realizas el trabajo y las llamadas con la energía necesaria.

④ *Cuando experimentas algo que piensas que no podrás soportar* recuerda que «no poder soportar» también es un estado emocional que puede percibirse conscientemente (en lugar de identificarse con él). ¿Cómo se siente el hecho de no poder soportar? (¡No olvidarse de respirar!) ¿Qué necesita este sentimiento de tu corazón? ¿Compasión?

⑤ *Cuando sientas mucha rabia, no caigas en el pensamiento de que la rabia debe desaparecer para poder abrir tu corazón.* Abre simplemente tu corazón a la rabia. Lo mismo ocurre con el resto de sentimientos. Nada debe desaparecer. Todo tiene derecho a existir.

⑥ *Cuando por un momento dejas de querer tanto a una persona a la que en el fondo quieres mucho, y estás dispuesto a corregirlo,* no lo hagas. No corregir, sino percibir conscientemente. No identificarse, ni con el sentimiento que tienes en ese momento, ni con el pensamiento de que debería ser de otra manera. «Ah, interesante. En este momento le odio y pienso que no debería hacerlo. ¿Cómo me siento?». Respirar, aceptar, conocer. Abrir el corazón. Amar no significa sentir siempre lo mismo. Amar significa estar preparado para abrir tu corazón a todo. Amar significa respeto, empatía y comprensión. Todo ello debemos aplicarlo primero a nosotros mismos. De otra manera, no sabremos cómo se siente y no podremos aplicarlo a los demás.

⑦ *Perdón.* Esto es para el caso de que alguien tenga algo que perdonarte: «Perdón» es una palabra de la cabeza, no del corazón. Cuando tu corazón está abierto no tienes nada que perdonar. Mientras pienses que hay algo que perdonar, te estás poniendo por encima del otro y cerrándote ante él. Cuando tu corazón está abierto, simplemente sientes y al sentir comprendes y al comprender comprendes también que no hay nada que perdonar. Esto también es algo que primero has tenido que experimentar en ti mismo, antes de poderlo aplicar a los demás. Supongamos que tú mismo has hecho algo horrible y crees que necesitas que te perdonen, pero tú no te puedes perdonar. Te sientes culpable. Te arrepientes. Sufres porque no puedes volver atrás. Pero si quieres ser consciente y abrir tu corazón, debes sentir tu sentimiento de culpa, tu arrepentimiento y tu dolor, sin identificarte con ellos y abrir tu corazón a cada uno de esos sentimientos, incluso a tu deseo de perdón. Tampoco con éste estás identificado, también a él lo reconoces y aceptas como sentimiento. Por último, si has cargado con la culpa, todavía tienes que aceptar tu culpa. (Esto es algo distinto al sentimiento de culpa). Una vez has hecho todo esto, desaparece la carga que llevas sobre tus hombros, tu corazón permanece abierto, el amor puede fluir y se instaura la comprensión, una comprensión que va más allá de la comprensión superficial humana. De alguna manera deseas algo del trasfondo del acontecimiento, y la persona a la que has herido en realidad no es la víctima, sino que ella por alguna razón se expone siempre a esta experiencia.

La necesidad del «perdón» desaparece en cuanto aparece la verdadera comprensión. Cuando abro mi corazón, puedo sentir mi propio dolor de la misma forma que el de quien me ha hecho algo. Todos estamos en un solo plano. No existe el desnivel de la relación agresor-víctima (que pone al agresor por encima de la víctima) y tampoco el del culpable y el que perdona (que pone al que perdona por encima del culpable). Visto desde el plano del corazón todos somos personas falibles y sufrimos por la limitación que necesariamente provoca este hecho. Naturalmente, esto no significa que aprobemos actuaciones que no podemos aprobar. Podemos comprender en nuestro corazón los motivos, podemos a pesar de todo respetar a la persona y sentir con ella, pero no por eso debemos dar por buenos sus actos (o los nuestros cuando se trata de nosotros) o dejárselo pasar todo.

Consejos prácticos

Tratarse a sí mismo como a otra persona

Éste es un truco muy útil para quienes les resulta difícil abrirse a sí mismos el corazón. Sé tu propio consejero espiritual, tu propio terapeuta o también tu propia abuela o abuelo, en todo caso alguien al que se lo puedes confiar todo y que lo entiende todo. (Por regla general, en este caso los padres no sirven, porque en primer lugar en el pasado nos hemos sentido incomprendidos, rechazados, humillados, traicionados, dejados en la estacada, tratados injustamente, etc. por ellos).

Buscar ayuda de arriba

Cuando te encuentras delante de la puerta del corazón con un sentimiento bajo el brazo y ni con la mejor voluntad sabes cómo abrirla, siempre tienes la posibilidad de pedir ayuda arriba. Ejemplo: te sientes como un agresor, en cierta medida has intentado aceptar conscientemente el sentimiento y ahora querrías abrirle el corazón, pero no lo consigues. Ninguna de las llaves funciona.

Naturalmente, existe una resistencia. Algo que se pone en medio y dice: «No, este sentimiento no puede entrar en el corazón». Pregúntate por qué no puedes abrir tu corazón. Lo sabes. Observa qué pensamientos surgen. «Para un agresor no existe compasión». Ah. Por eso no funciona. ¿Qué hacer? Conocer a la parte que dice esto. También forma parte de ti. De alguna manera también se siente. Puedes abrir tu corazón a ese sentimiento.

Por regla general, es fácil descubrir por qué no podemos abrir nuestro corazón a un sentimiento. Sin embargo, en algunos casos no se sabe. Simplemente no funciona y no se sabe por qué. Éstos son los casos es que yo recomiendo buscar «ayuda de arriba». Esto significa recordar que tú eres parte de una realidad más amplia que va más allá de tu conciencia personal, y tomar contacto con el resto de esta realidad más amplia. Simplemente pide ayuda. Muy infantil. «Aquí está este horrible sentimiento de agresor. Lo he conocido, pero no soy capaz de abrirle mi corazón. Por favor, ¿puede alguien de ahí arriba ayudarme?». O bien: «Pido compasión para mi sentimiento de ser un agresor».

También puede personalizarse la «ayuda de arriba», apelando al arcángel Gabriel o a Jesús o María, Buda o Kwan Yin, o a la figura sagrada que queramos. Precisamente eso es lo que hace el santo que tiene un corazón para todo. Cuando algo parece no tener ninguna esperanza, porque está cargado con demasiada culpa o completamente proscrito, María es la adecuada. Cuando nadie puede ayudar, el pensar en María puede ser útil (sin importar si se es católico, evangélico, agnóstico, budista, etc.). No importa quién fue en realidad María históricamente, la madre de Jesús, en tu realidad atemporal es la encarnación del amor. Compasión y empatía. Permíteme que te explique un chiste sobre María que trata de esto. (Jesús no sale muy bien parado, pero es sólo un chiste).

Jesús inspecciona el cielo. Comprueba que algo no está en orden y pregunta a Pedro: «Tú tienes ese libro donde pone quién puede entrar aquí. ¿No te ciñes a él?» «Por supuesto, por supuesto» –contesta Pedro–, «soy totalmente correcto». «¿Entonces, cómo es que corren por aquí personas que no deberías haber dejado entrar?, dice Jesús. «Pregúntale a tu madre –contesta Pedro–. Se pone en la puerta de atrás y les deja pasar a todos».

Ésa es María. Interprétalo desde un punto de vista psicológico o filosófico o esotérico o tómalo literalmente, como quieras. Pero María ayuda. Quizás te acuerdes cuando en algún momento necesites esa ayuda.

«Aquí, María», digo entonces, o «Aquí, Madre divina» (antes «madre» era para mí una palabra irritante, por lo que encontré el término «abuela divina», ya que para mí una abuela es alguien con un gran corazón), «he aquí este sentimiento. Aún con mi mejor voluntad no soy capaz de abrirle mi corazón. Pero tú si que puedes. Lo sé». Y entonces sucede. María –sea la María de mi fantasía o la María madre de Dios– tiene compasión y comprensión, por lo que yo misma tengo compasión y comprensión, y lloro lágrimas de alivio.

Consejos para el caso de que nada funcione

Aunque aparentemente nada funcione, algo siempre funciona cuando básicamente se está dispuesto a despertar y abrir el corazón. Supongamos que estoy enfadada. Sin embargo, me acuerdo de «ser consciente» y «abrir el corazón», pero no tengo ningunas ganas de hacerlo porque estoy enfadada. Pero siempre puedo percibir conscientemente que estoy enfadada. También puedo sentir mi respiración mientras siento mi rabia. Quizás no soy capaz de liberarme de la identificación con mi rabia. «Sencillamente estoy enfadada». Entonces puedo comprobar conscientemente que me identifico con mi rabia. Esto me despierta un poquito. Y ese «poquito» constituye una enorme diferencia. Generalmente, todo lo demás sucede por sí solo.

Otro ejemplo, me paro para llegar al fondo de una cosa. Pienso en el problema, siento la tensión en la zona cervical y punto. No tengo ni idea de qué sentimiento se trata. Puedo respirar y sentir y estar en tensión tanto como quiera, sigo sin saber qué sentimiento es. En este caso no hay que desanimarse, sino permanecer consciente. «Ah, tensión cervical. Ni idea de qué sentimiento se esconde detrás. ¿Qué puedo ofrecerle a pesar de todo a la parte en tensión? ¿Qué necesita? Quizás que cada día le preste un poco de atención y dedicación, aunque no quiera decirme por qué sufre». «No hace falta que me lo digas si no quieres. A pesar de todo estoy ahí y me preocupo por ti». De esta manera construyes un puente entre la parte corporal de la emoción (tensión cervical) y tu corazón (tu núcleo emocional). El resto (reconocimiento espiritual de la emoción y aceptar sentirla) llegará cuando sea el momento. De todas maneras, la parte que sufre ya ha obtenido lo más importante: dedicación y tu predisposición a abrirle tu corazón.

Seguidamente, expongo un resumen del consejo para el caso de que nada funcione:

① Cuando existe un problema, se trata de que abras el corazón para una cosa determinada.

② Cuando no puedes «abrir el corazón», siempre puedes «aceptar el sentimiento».

③ Cuando no puedes «aceptar el sentimiento, siempre puedes «percibir conscientemente el sentimiento, en lugar de identificarte con él».

④ Cuando no puedes «liberarte de la identificación», siempre puedes «comprobar conscientemente que estás identificado con el sentimiento».

⑤ Si no reconoces el sentimiento, siempre puedes «sentir lo que ocurre en el cuerpo y ofrecerle atención».

⑥ Si por el motivo que sea, esto tampoco funciona, siempre será posible sentir tu respiración. La respiración siempre está ahí. El hecho de sentirla conscientemente no requiere dedicarle mucho tiempo ni energía. Siempre y en cualquier circunstancia es posible prestar atención a la respiración. Es una acción mínima que coloca la primera piedra para un gran cambio. Desvía tu atención hacia ti mismo por encima de los demás y de las circunstancias, la centra en tu cuerpo, por delante de los pensamientos, te ayuda a meterte en tu interior y entrar en contacto contigo mismo. Por este motivo, es la palabra clave más importante y al mismo tiempo más sencilla y útil para el día a día y, sobre todo, para aquellas situaciones que suponen un problema –la palabra «respirar».

Acuérdate cuando un sentimiento amenaza con vencer, cuando una situación te sobrepasa; cuando las preocupaciones te quitan el sueño; cuando estás atrapado en un conflicto o una dicotomía, cuando no sabes qué hacer; cuando no sabes hacia dónde vas o dónde estás: «respirar». Siente tu respiración. Inspira, espira. Inspira, espira… Esto siempre funciona, aunque todo lo demás no.

Y cuando finalmente sientes tu respiración, podría pasar que te acordaras también del resto. «Ah, interesante. Así es cómo pienso. ¿Qué ocurre mientras en mi cuerpo? Ah. ¿Y cómo me siento yo? ¿Cómo puedo abrir mi corazón a ese sentimiento?».

Bibliografía

BUBER, Martin: *Ich und Du*. Heidelberg 1974.

CASTANEDA, Carlos: *Eine andere Wirklichkeit*. Frankfurt, 1973.

—, *Reise nach Ixtlan*. Frankfurt, 1975.

ELWORTHY, Scilla: *Pawer und Sex. Das weibliche Prinzip und die Kraft zur Veränderung*. Kreuzlingen, 1997.

GRAY, John: *Männer sind anders, Frauen auch*. Múnich, 1992.

JOKO BECK, Charlotte: *Zen im Alltag*. Múnich, 2000.

KHAN, VILAYAT, Pir: *Erwachen*. Múnich, 2001.

MULFORD, Prentice: *Unfug des Lebens und des Sterbens*. Frankfurt, 1977.

NIDIAYE, Safi: *Liebe ist mehr als ein Gefühl*. Genf, 1990.

—, *Neues Wissen, neues Denken für eine bessere Zukunft. Der Mensch im anbrechenden Zeitalter*. Genf, 1993.

—, *Führung durch Intuition. Die entscheidende Wende im Management*. Kreuzlingen, 1997.

—, *Die Stimme des Herzens. Der Weg zum größten aller Geheimnisse*. Bergisch-Gladbach, 2000.

—, *Das Tao des Herzens. Wie Sie Ihre Gefühle befreien*. Kreuzlingen/Múnich, 2000.

—, *Zauberworte der Liebe*. Múnich, 2002.

Índice